LA TIERRA DE CANAÁN

Cananeos, fenicios y la llegada
de los romanos a Oriente

FELIP MASÓ FERRER

Shackleton
— b o o k s —

La tierra de Canaán. Cananeos, fenicios y la llegada de los romanos a Oriente
© primera edición, Felip Masó Ferrer, 2017
© segunda edición, Felip Masó Ferrer, 2023
© de esta edición, Shackleton Books, S. L., 2024

Shacklet⌀n
— b o o k s —

(f) (y) (◎) @Shackletonbooks
shackletonbooks.com

Realización editorial: Bonalletra Alcompas, S. L.
Diseño de cubierta: Pau Taverna
Diseño: Kira Riera
Maquetación: reverté-aguilar
© Fotografías: todas las imágenes son de dominio público a excepción de las de Sémhur/
Zunkir [CC BY-SA 3.0]/Wikimedia Commons; Monik-a/Shutterstock.com; David Dennis/
Shutterstock.com; Richard Yoshida/Shutterstock.com; SEMENOV1980/Shutterstock.com;
Ralph Ellis images [GFDL o CC BY-SA 4.0]/Wikimedia Commons; MesserWoland/
Kordas [GFDL]/Wikimedia Commons; Alorkezas/rowanwindwhistler [GFDL o
CC-BY-SA-3.0]/Wikimedia Commons; Jebulon [CC0]/Wikimedia Commons; Bukvoed
[CC BY 4.0]/Wikimedia Commons; Bourrichon/Rodriguín [CC BY-SA 3.0 o GFDL]/
Wikimedia Commons; [GFDL, CC-BY-SA-3.0 o CC BY-SA 2.5]/Wikimedia Commons;
Olaf Tausch [GFDL o CC BY 3.0]/ Wikimedia Commons; Roberto Verzo [CC BY 2.0]/
Wikimedia Commons; [CC BY-SA 3.0]/Wikimedia Commons.

ISBN: 978-84-1361-317-8
Depósito legal: B 13801-2024
Impreso por EGEDSA (España)

Contenido

Introducción

Canaán es un nombre que nos remite directamente a
la Biblia, a la Tierra Prometida, a aquel lugar «donde
mana leche y miel», que el Dios de Abraham, Isaac y
Jacob prometió a Moisés, guía del pueblo judío; y que
actualmente corresponde principalmente al Líbano,
Palestina, Israel y parte del sur de Siria. Este espacio
estaba limitado por el mar al oeste, por las cadenas
montañosas sirio-libanesas al este, por el río Orontes
(en la actual Siria) al norte y por la frontera egipcia al
sur. Durante toda la Edad del Bronce (3300-1150 a. C.)
estuvo ocupado por los cananeos, una civilización
semita ya presente en la zona durante los últimos
tiempos del Neolítico y con muchos rasgos comunes
(raza, lengua, religión, cultura...), pero por aquel entonces sin una identidad política conjunta, ya que
se desarrollaron siguiendo el modelo de ciudad-
Estado. Durante mucho tiempo las únicas referencias
que se tenían sobre esta tierra y sobre los cananeos
eran los textos bíblicos que, carentes de cualquier

imparcialidad, hacían referencia al paganismo de sus habitantes, a sus blasfemas acciones y a sus abominables ritos. En el siglo XII a. C., las ciudades cananeas y sus habitantes fueron totalmente destruidas durante la conquista liderada por Josué, cuya intención era crear un espacio físico y espiritualmente purificado en el que pudiera habitar el «pueblo elegido», para convertirse así en la gran nación que Dios había prometido a los patriarcas, hacia el año 2100 a. C.

No sería hasta los siglos XVII-XVIII d. C. cuando la historia de Canaán y de los cananeos empezó a verse desde un punto de vista diferente, mucho más cercano a la realidad histórica de los episodios sucedidos, que no a las narraciones bíblicas, y con una contextualización del espacio y del tiempo bien determinados. Este logro fue posible, por un lado, gracias al nacimiento de la crítica literaria, que se acercó a la Biblia con un espíritu más abierto y con el ánimo de revisar los pasajes «históricos» en ella descritos; y, por otro, por la aparición de la arqueología bíblica, que aportó nuevos datos sobre la historia de los cananeos mediante las excavaciones realizadas en las mismas ciudades descritas en los textos bíblicos. La historia de Canaán se reveló así como la historia de un pueblo dividida en dos grandes períodos: el de los cananeos, correspondiente a la Edad del Bronce (3300-1150 a. C.) y el de los fenicios, correspondiente a la Edad del Hierro (1150-330 a. C.).

El primer período es el momento en que, tras una larguísima fase de siete mil años de evolución y consolidación de la nueva forma de organización socioeconómica y espacial que supuso el Neolítico, se dio paso a la primera gran urbanización de esta zona, con la aparición de ciudades cananeas como Biblos, Tiro, Sidón, Ugarit, Hazor o Megiddo. Se trataba de ciudades perfectamente organizadas, independientes políticamente y lideradas por una monarquía estrechamente unida al culto. En algunos casos, la ubicación de muchas ciudades en la costa y la presencia de determinados recursos naturales en su entorno las inclinó a convertir el comercio marítimo en su forma de vida y su principal sustento; en otros casos, su estratégica situación interior en los cruces de caminos de las principales rutas comerciales, y en un entorno eminentemente agrícola, les permitió un rápido crecimiento y enriquecimiento. Tal fue el grado de desarrollo de esta práctica comercial, que algunas ciudades como Biblos llegaron a convertirse en centros de poder de primer orden, capaces de relacionarse de igual a igual con el todopoderoso Egipto del Reino Antiguo. Pero esta estrecha relación con el país de los faraones les hizo excesivamente dependientes de la estabilidad política de dicho país, de modo que la llegada de la primera gran crisis institucional egipcia (el Primer Período Intermedio,

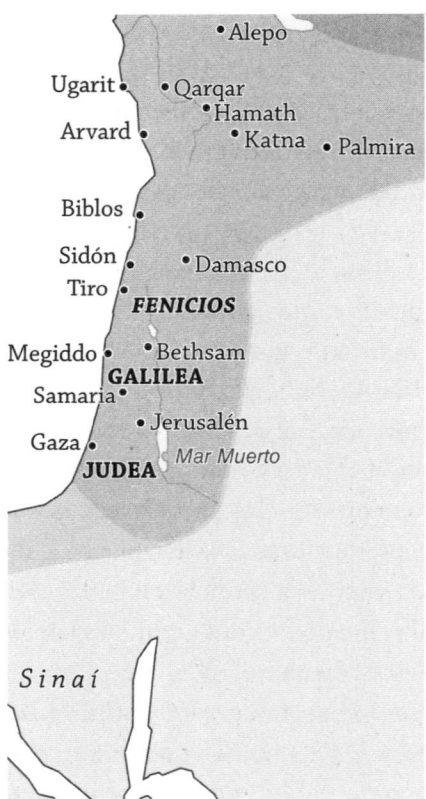

La Tierra de Canaán y sus principales centros de poder durante la Edad del Hierro.

c. 2190-2052 a. C.) provocó la primera caída de los centros cananeos, agraviada por la invasión nómada de los amorreos, de origen semita. La recuperación de Egipto durante el Reino Medio supuso también la recuperación de las ciudades cananeas, que revivieron una segunda urbanización, con las mismas ciudades como sus máximos exponentes. Pero la historia se repitió de nuevo con la invasión hicsa de Egipto y la entrada en el Segundo Período Intermedio. Con la expulsión de los invasores asiáticos y el surgimiento del Reino Nuevo egipcio, gran parte de Canaán pasó a convertirse en una provincia en manos del faraón, con el nombre egipcio de Retenu. A partir de entonces entró a formar parte del juego de relaciones diplomáticas que durante los siglos XV-XIV a. C. se desarrolló entre las potencias orientales, y del que dan testimonio las famosas Cartas de Amarna, en las que se describen con todo lujo de detalle las complicadas relaciones de las ciudades cananeas entre sí, las luchas de poder para extender sus territorios o la cambiante fidelidad de sus reyes hacia Egipto o hacia los imperios asiáticos de Mitanni o Hatti.

Durante este primer período, en Canaán se llevaron a cabo grandes logros como consecuencia de su evolución sociopolítica y económica. Sin duda, el más importante fue la invención del alfabeto, una herramienta fundamental para la historia de la humanidad. En efecto, tras algunos intentos surgidos en diferentes lugares del levante entre los siglos XVI-XIV a. C., finalmente fue en el reino de Ugarit (en la actual Siria) donde se consolidó el primer sistema alfabético del mundo, y del que acabarían surgiendo todos los demás. Es de la propia Ugarit de donde procede la mayor colección de textos literarios cananeos. Gracias a ellos podemos conocer, con sus propias palabras, los dioses, mitos, ritos y cultos que tantas veces fueron criticados por los profetas bíblicos, y también podemos conocer el origen de algunos famosos pasajes e historias narradas en los textos bíblicos. De los archivos de Ugarit también proceden documentos históricos, administrativos y contables, que nos acercan a la realidad cotidiana del mundo cananeo.

El fin de esta primera fase cultural llegó como consecuencia de una serie de factores, en especial por el agotamiento del modelo político y económico, la pérdida del control administrativo y militar de Egipto, y la invasión de los llamados Pueblos del Mar. Estas gentes del Egeo y de las costas de Anatolia se vieron obligadas a desplazarse, y en sus movimientos migratorios ayudaron a poner fin al mundo de la Edad del Bronce para entrar en una nueva época, la Edad del Hierro, en la cual los potentes imperios fueron sustituidos por un mosaico de pequeños reinos y ciudades-Estado.

A este momento corresponde el segundo período histórico de Canaán, en el que el levante oriental quedaría fragmentado en diversos territorios ocupados por las ciudades-Estado fenicias, la pentápolis filistea o el bíblico reino de Israel y, más allá del Jordán, los reinos de Amón, Moab y Edom; así como los reinos arameos y neohititas establecidos entre el norte de Siria y el sur de Turquía. El espacio que ocupaba la antigua Canaán se redujo drásticamente hasta ocupar solo una cuarta parte del territorio original, de modo que prácticamente quedó limitado al actual Líbano y, en especial, la costa. Aquí, los cananeos se reinventaron y pasaron a ser conocidos como fenicios, y su territorio se conoció como Fenicia. De este modo se convirtieron en los herederos naturales de los cananeos, y ocuparon las mismas ciudades a lo largo de casi toda la Edad del Hierro (1150-539 a. C.). Aunque tampoco llegaron a consolidarse como una unidad estatal, en algún momento se produjo una cierta preeminencia de alguna de ellas sobre las demás, como fue el caso de Biblos y Sidón primero, y de Tiro después.

De nuevo, la ausencia de fuentes escritas directas obliga a consultar otros documentos, como los textos bíblicos y los clásicos, para conocer el desarrollo histórico y cultural de los fenicios. Aunque en este caso son abundantes, todos ellos presentan una realidad sesgada y manipulada que ha llegado a distorsionar en gran medida la realidad de este pueblo, lo mismo que ya había ocurrido con los cananeos, por lo que dar a conocer la realidad histórica de los sucesos acontecidos no se presenta como algo fácil.

A este período corresponden las relaciones del rey Hiram de Tiro con Salomón, sus grandes logros marítimos en las lejanas tierras de Ofir y la construcción del palacio y el templo de Jerusalén. En este momento también se produjo una de las más importantes gestas fenicias, que fue la expansión por todo el Mediterráneo y la fundación de varias colonias en sus costas. La ciudad de Cartago fue su máximo exponente, y dio lugar a uno de los episodios más importantes de la Antigüedad: las Guerras Púnicas (objeto este, sin duda, para otro volumen). Pero los fenicios no se limitaron al *Mare Nostrum*, sino que fueron mucho más allá de las Columnas de Hércules, hasta alcanzar las Islas Británicas, y también llegaron a realizar la circunnavegación de África en busca de nuevos recursos con los que comerciar o de lugares más seguros para vivir.

Tras un período de prosperidad, representado no solo por las gestas marítimas y comerciales, sino por un gran refinamiento cultural y literario, los fenicios cayeron bajo la órbita de los nuevos imperios orientales, como el asirio de Salmanasar III y Asurbanipal; el babilonio de Nabucodonosor II, el persa de Darío I y Jerjes; y, finalmente, el imperio de Alejandro Magno y sus diádocos. La espectacular toma de Tiro por parte del gran monarca macedonio, con la que pretendió dar ejemplo ante cualquiera que cuestionase la autoridad del nuevo rey del mundo, marcó el punto y final de la historia fenicia, a pesar de que sus habitantes y su cultura siguieron presentes (si bien ya cada vez más diluidos bajo la ocupación romana y bizantina) hasta que, finalmente, desaparecieron durante las cruzadas y la conquista islámica.

Canaán (que, como veremos, sería descrita como la «tierra que mana leche y miel») y Fenicia, la tierra de los señores del mar, fueron poco a poco olvidadas hasta prácticamente desaparecer de la historia. En este volumen intentaremos hacerlas revivir de nuevo.

La tierra de Canaán

Aspectos generales

En una estrecha franja de tierra encajada entre los egipcios por el sur y las potencias asiáticas por el norte, se desarrolló una civilización que supo sacar partido de su posición estratégica y de sus escasos pero sumamente preciados recursos. Conocidos primero como cananeos y más tarde como fenicios, su redescubrimiento les retornó a la historia revelando así a un pueblo de emprendedores y comerciantes, con una gran capacidad de adaptación y supervivencia.

Contexto geográfico y límites territoriales

El área geográfica abarcada por Canaán variaría en función de la época a la que nos refiramos en cada momento. Así, durante la Edad del Bronce (3300-1150 a. C.) se extendía alrededor de unos 500 km a lo largo de toda la franja sirio-palestina, desde el monte Casio al norte (cerca de la desembocadura del Orontes, en Siria), hasta Wadi el-Aris (la frontera con Egipto) al sur; y unos 50 km desde el Mediterráneo, hasta la cadena de los Montes Líbano al este, con dos puntos de conexión: los pasos de Homs y la depresión de Acre. Esta cordillera del Líbano es una barrera natural que en pocos kilómetros asciende desde la costa hasta los 3088 m de altura (Qornet es-Saouda). En la Antigüedad, sus abruptas pendientes estaban repletas de frondosos bosques de cedros, pinos y abetos, con abundante caza y recursos metalúrgicos, así como de ricos cauces de agua que irrigaban la llanura que se encontraba a sus pies. Si bien la montaña era un lugar peligroso y de muy difícil acceso, también fue un lugar de veneración donde se construyeron numerosos santuarios a las divinidades.

Con la llegada de los Pueblos del Mar y la entrada en la Edad del Hierro (1150 a. C.), las fronteras de la tierra de Canaán fueron modificadas debido principalmente a tres factores: la ocupación por parte de los hebreos del sur de Canaán, el asentamiento de los filisteos en la costa de Palestina y el establecimiento de los arameos en el territorio norte de Canaán. Con estas pérdidas territoriales (tres cuartas partes de su territorio original, incluyendo la mitad de su costa y todo el interior), el espacio geográfico antes ocupado por los cananeos y ahora por los fenicios, se limitó a

«Una tierra que mana leche y miel»

Estas palabras corresponden a la cita bíblica (Ex. 3:8) y fueron dirigidas a Moisés por Dios en el Horeb, en el famoso episodio de la zarza ardiendo, donde el Señor se le reveló y le aseguró la liberación de su pueblo, que se encontraba sometido a la esclavitud de Egipto; y además, la concesión de la Tierra Prometida: «voy a sacarlos de ese país (Egipto) y voy a llevarlos a una tierra grande y buena, una tierra que mana leche y miel. Es el país donde viven los cananeos, los hititas, los amorreos, los ferezeos, los heveos y los jebuseos».

Puede que hoy en día la promesa de una tierra abundante en leche y miel no sea considerada como algo demasiado atractivo para la mayoría de nosotros, pero en el contexto de aquella época y para una población de carácter nómada, que llevaba 40 años vagando por el desierto, y tras unos cuantos siglos de sometimiento a Egipto (siempre según la Biblia), una tierra así equivalía a un paraíso, un lugar fértil y rico en ganado, flores, pastos, campos de cereales y abundante agua para regarlo todo. El único problema era que, como dice el texto bíblico, aquella tierra ya tenía dueños, y uno de ellos eran los cananeos; sin embargo, parece que eso no fue obstáculo para que se cumpliera la promesa divina. ∅

una área de unos 200 km de norte a sur (desde la isla
de Arwad hasta Acre y el monte Carmelo). Este territorio venía determinado por las estribaciones de los
montes Líbano al este y por el Mediterráneo al oeste,
con una anchura total de no más de 20 km. Pero a
pesar de disponer de un territorio tan pequeño, sus
habitantes supieron sacar provecho de sus praderas
(óptimas para la agricultura y la ganadería), de sus
frondosos bosques (de ricos y variados recursos),
de sus numerosos cursos de agua y, sobre todo, del
mar (de donde procedía el murex, con el que se fabri-
caba el preciado tinte púrpura), al que convirtieron
en su mejor aliado para conseguir prosperar, crecer
y convertirse en una potencia comercial y naval. Sin
embargo, desde el punto de vista de la organización
política de sus poblaciones, la disposición geográfica
de la costa y la presencia de cursos de agua y cabos
montañosos favorecieron una fragmentación política y la aparición de ciudades-Estado independientes
en lugar de una unidad nacional que nunca llegó a
producirse de forma general, si bien en determinados
momentos alguna ciudad, como Tiro o Sidón, pudo
ejercer cierta hegemonía sobre las demás.

El redescubrimiento de los fenicios

Cananeos y fenicios eran ya largamente conocidos a partir de los textos bíblicos y clásicos, pero el primer acercamiento científico a la cultura fenicia se realizó a través de la lingüística, con el desciframiento de su escritura por parte del numismático, escritor y lingüista francés Jean-Jacques Barthélemy, en 1758. A partir de unas inscripciones bilingües en fenicio y hebreo encontradas en Malta, y de otras dos inscripciones bilingües halladas en Chipre por el antropólogo Richard Pococke, Barthélemy formuló en 1764 las reglas básicas para el descifrado del fenicio. Sin embargo, existían dos inconvenientes principales: el primero, que las fuentes eran en su mayoría inscripciones funerarias o votivas y, por tanto, de carácter repetitivo; el segundo, la visión que en aquel tiempo se tenía de la Antigüedad, basada en un helenocentrismo muy marcado que menospreciaba y desdeñaba cualquier cultura que no fuera la griega. Todo ello afectó de forma muy considerable a la investigación arqueológica sobre los fenicios, que inició el 21 de octubre de 1860 Ernest Renan. Este escritor, filólogo y filósofo francés comenzó las excavaciones en cuatro de los principales centros de la civilización fenicia: Jbeil (Biblos), la isla de Arwad (Arados), Saida (Sidón) y Sour (Tiro). Tras inspeccionar la costa libanesa, Renan se desplazó hasta Palestina, donde visitó el monte Carmelo, Haifa, Nablus, Jerusalén, Hebrón, Jaffa, Nazaret y Tiberiades. También visitó el Alto Líbano, desde el valle de Adonis hasta llegar a Baalbek, la antigua Heliópolis. Pero los resultados materiales de las excavaciones no cubrieron sus expectativas, ya que las pequeñas priores fenicias, algunas priores en griego y egipcio, así como algunos sarcófagos, estelas y relieves estaban muy lejos de los espectaculares hallazgos que se venían realizando en Egipto o en las antiguas capitales asirias y babilónicas de Mesopotamia. Sin embargo, el resultado de esa expedición fue la publicación en 1864 de la Mission de Phénicie, el primer estudio de la cultura fenicia que sentó las bases para las exploraciones sucesivas y que durante más de medio siglo se consideró el principal tratado de arqueología fenicia.

Como ya hemos avanzado, durante muchos años la investigación sobre los fenicios tuvo que luchar contra esa discriminación cultural de la superioridad helénica ejercida por el propio Renan y por muchos otros después de él, que consideraban que la importancia de un yacimiento fenicio era directamente proporcional a la presencia en él de algún elemento griego; en caso contrario, no valía la pena ser investigado y, si lo era, la información extraída sobre los fenicios resultaba muy sesgada, porque el interés se centraba casi exclusivamente en lo heleno.

Baalbek, en Líbano. Ruinas del templo de Baco en la antigua ciudad fenicia, conocida como Heliópolis durante el período helenístico.

Cananeos y fenicios: ¿quién es quién?

Podría parecer sencillo responder a esta pregunta a partir de una observación que comprendiera un espacio geográfico determinado, unas fechas de inicio y fin de su historia y unas características generales que definieran a un pueblo concreto y lo distinguieran del resto. Pero en esta ocasión no es tan fácil como parece.

Empecemos por su nombre, rico en hipótesis sobre su origen y significado. Cronológicamente, el primer término del que tenemos constancia es el de Canaán y su gentilicio, cananeo/a. Ambas son palabras de origen semítico formadas a partir de la raíz *krín,* de la que surgió el griego *Chanaan* y de ahí la forma actual Canaán. Las primeras evidencias escritas de este término proceden de los textos conservados en los archivos de algunos de los palacios más poderosos de la Siria del II milenio a. C. (Mari, Alalah y Ugarit), así como de los textos hurritas (Nuzi, Iraq), de las Cartas de Amarna (Egipto) y también de la Biblia. En estos textos, no solo difiere la forma de escribir el nombre, sino también el concepto al que se refieren; de esta manera, en los archivos sirios se utilizaba para designar a la zona de Siria-Palestina y a sus habitantes, mientras que en los textos egipcios se hacía referencia a la provincia asiática de Egipto que se extendía desde Trípoli hacia el norte y de Tiro hacia el sur, incluyendo, pues, a las ciudades fenicias de Beirut, Biblos y Sidón. La Biblia, por su parte, menciona que Canaán era el hijo de Cam, hijo de Noé y padre de Sidón, es decir, hijo de fenicios.

Los textos de Nuzi, sin embargo, hacen alusión no solo al elemento toponímico del término, sino también al significado semántico del mismo. Y es muy interesante que una de las posibilidades sea la que significa «tela azul», quizá la referencia al producto comercial más famoso de esta cultura, la púrpura; con ello se establecería así una relación directa entre el término semítico «Canaán» y el griego «fenicio», con el mismo significado en ambos casos: rojo-oscuro-azul/púrpura, como veremos a continuación.

Por lo que se refiere al término «Fénica», en primer lugar es necesario precisar que tanto esta palabra como la de «fenicio» no son originales de este pueblo, sino que tienen un origen helénico, de modo que fueron los griegos quienes la utilizaron para referirse a lo que hoy conocemos como Fenicia. Existen varios posibles orígenes para esta palabra: en el Egipto del Reino Antiguo (a mediados del III milenio a. C.) aparece la palabra *fenkhu*, en la que algunos estudiosos han querido ver un parecido con «fenicio», aunque en realidad esta palabra no guarda ninguna relación más que la similitud fonética, ya que los egipcios de aquella época conocían a la región como Retenu o *Harw*. Un segundo origen se encuentra en las tablillas escritas en Lineal B (un sistema para escribir el griego micénico) de los archivos de los palacios micénicos de Cnosos y Pilos (finales del II milenio a. C.), en las que aparece la palabra *po-niki-jo o po-ni-ki-ya*. Esta palabra parece describir tanto a una hierba aromática como a un elemento usado en la decoración, presumiblemente de color rojo, pero no alude en ningún caso a un país o pueblo. Finalmente, en los poemas homéricos y de Hesíodo del siglo IX-VIII a. C., escritos

El molusco que dio nombre a un pueblo

La obtención y elaboración de la famosa púrpura fue la más importante de todas las industrias fenicias. Consistía en la producción de un tinte con unas características que lo hacían único: su gran resistencia y permanencia en los tejidos, sus excepcionales tonalidades y lo complejo que resultaba producirlo. Todo ello hizo que tuviera un precio extraordinariamente elevado, que le dio unas connotaciones especiales de exclusividad, ya que pronto pasó a ser un producto reservado al culto a los dioses y a la más elevada jerarquía social.

Pero ¿de dónde procedía la púrpura? El pigmento se obtenía de un molusco monovalvo del género murex y en especial de las especies *Brandaris*, *Erinaceus* y *Trunculus*, muy abundantes en las costas levantinas. Según palabras de Plinio el Viejo, en su *Historia Natural* (siglo I d. C.), el procedimiento era el

en griego, aparece la palabra *phoinix*, que junto con sus derivados femenino *phoinissa* y plural *phoínikes* posee varios significados: color rojo; nombre del rey de Tiro a partir de una leyenda de Plinio el Viejo; un instrumento musical parecido a la lira; o la famosa ave fénix de alas rojas que renace de sus cenizas.

siguiente: primero se pescaban los moluscos en cestas en las que se ponía algún tipo de cebo; a continuación se introducían en grandes cubas, impermeables al agua y ubicadas a las afueras de la población para evitar los malos olores, y se rompía la concha del molusco; luego se dejaban macerar durante un breve período de tiempo. Más tarde, se retiraban los restos de las conchas y se añadía agua de mar, en mayor o menor cantidad, en función de la tonalidad que se quisiera obtener (de rojo oscuro a violáceo), y con este pigmento se teñían los tejidos para ser vendidos. Como ya se ha indicado, el origen de las palabras *Canaán* y *Fenicia* procede de un adjetivo relacionado con el rojo, de manera que podría haber ocurrido que los compradores de este producto tan especial, vinculado al color rojo, identificaran a sus gentes con el producto, dando nombre a toda una civilización, «los que traen el rojo», «los del rojo», «los que hacen el rojo»… ∅

Pero ¿de cuáles de estos significados surgirían las palabras *Phoirtiké* (para la región) y *phoínikes* (para el pueblo)? Como hemos visto en los textos micénicos, *po-ni-ki-ya* es un adjetivo femenino que significa 'rojo', y también está asociado a la palabra griega empleada para decir 'rojo oscuro', *phoinós* (*phoiniké/phoinós*);

además, en las lenguas indoeuropeas también significaba 'sangre', 'ensangrentar', 'muerte' o 'crimen'. Por lo tanto, el significado más correcto sería el vinculado al rojo, y a partir de ahí surgen múltiples hipótesis: para algunos, los griegos usaban esta palabra para denominar a las gentes con las que estaban en contacto por razones comerciales, a las que se referían por el color de su piel (como a los nativos americanos, «pieles rojas»), por el color de su cabello o por el color de su mercancía más preciada, el tinte rojo oscuro/púrpura. Parece que esta última podría haber sido la posibilidad más real, sobre todo teniendo en cuenta el precedente de los textos hurritas mencionados anteriormente, para referirse a Canaán como «tela azul».

Parece, pues, que mientras en la Edad del Bronce con el término *krín* ('cananeos') se hacía referencia de forma general a los diferentes pueblos semíticos que habitaban la gran llanura costera al norte de Israel; en la Edad del Hierro, a los fenicios que ocupaban esta misma zona se les conocía por el gentilicio de cada una de sus ciudades: tirios, sidonios, gublitas (de Biblos, Gubia), aradianos (de Arwad), etcétera. Fueron los autores clásicos, como Heródoto, los que utilizaron el término «fenicio» para referirse a ellos como una entidad conjunta, aunque algo difusa, debido al desconocimiento exacto de la realidad política de la zona.

Como resumen, en la historiografía actual se ha decidido usar estas diferentes palabras para épocas y lugares diferentes: «cananeo», para los habitantes de la costa sirio-palestina entre el III y el II milenio a. C. hasta el año 1200 a. C.; «fenicio», para los habitantes de la costa entre Trípoli y Tiro a partir de 1200 a. C.; y «fenicio occidental», para los primeros colonos y comerciantes que ocuparon dicha área entre los siglos VIII y VI a. C.

La Edad del Bronce: el mundo cananeo

(3300-1150 a. C.)

El desarrollo del mundo urbano en Mesopotamia y Egipto aceleró también el proceso de urbanización en los centros cananeos que, por primera vez, se dotaron de los instrumentos necesarios para convertirse en entidades políticas capaces de interactuar con los grandes centros de poder que tenían por vecinos. Si bien los cananeos terminaron sucumbiendo al dominio de otros reinos, en algunos momentos de su historia llegaron a relacionarse con los imperios dominantes en condiciones de igualdad.

En los albores de la historia (4500-3300 a. C.)

La presencia humana en la tierra de Canaán se remonta al Paleolítico, aunque fue a finales del Neolítico cuando se dieron los pasos determinantes hacia la

aparición del modelo urbano. Este momento se conoce como Calcolítico (4500-3300 a. C.) y se caracterizó
por el aumento de asentamientos respecto a la etapa
neolítica, y su mayor complejidad, tanto a nivel urba-
nístico como social. En efecto, en yacimientos como
Biblos, Beirut, Sidón, Beersheba o En Gedi se consta-
ta una cada vez mayor jerarquización social, en cuya
cúspide se encontraba un líder con un perfil más político que religioso y, por debajo de él, una clase alta
que se distinguía del resto tanto por sus grandes casas
como por sus tumbas, en las que la gran variedad de
objetos y materiales utilizados en sus ajuares (cerámica, hueso, cobre, sílex, oro, piedras semipreciosas
e incluso plata extraída de las minas de los Montes
Tauro) da testimonio de su riqueza. Este tipo de enterramientos, en tumbas con osarios o cistas de cerámica y en cuevas excavadas en la roca, es otra de las
innovaciones de este período, que van asociadas a
algunas prácticas de culto nuevas.

Aunque, sin duda, el cambio más importante
(y que le dio el nombre al período) se produjo a nivel
tecnológico, gracias a la aparición de la metalurgia.
Por primera vez en la historia se llevó a cabo la fundición del cobre (*jalkós*, en griego), que sobre todo se
obtenía de las regiones del Néguev y del Sinaí, donde
también se encontraba la turquesa, muy valorada a
partir de este momento.

Pero algo ocurrió a finales del IV milenio a. C. que hizo que toda esta evolución interna se frenara en seco y que la mayoría de los asentamientos calcolíticos del sur de Canaán fueran abandonados y no volvieran a ser ocupados en los períodos posteriores. Las razones de este repentino cambio aún no han sido del todo reveladas, pero no parece que fuera consecuencia de una sola causa, sino una combinación de diferentes factores que alteraron el estatus establecido.

La primera urbanización de Canaán. El Bronce Antiguo (3300-2000 a. C.)

Aun así, la población calcolítica no desapareció y la nueva etapa cultural de la Edad del Bronce estuvo formada principalmente por los mismos elementos autóctonos del Calcolítico, que constituirían la base de la cultura cananea y de la nueva etapa histórica que estaba a punto de empezar: la Edad del Bronce.

Si al final del Calcolítico se produjo un abandono de los asentamientos y un retorno a un modelo más pastoril, durante la primera parte del Bronce Antiguo (3300-2400 a. C.) no solo se volvió a la tipología de asentamientos protourbanos anteriores, sino que se dio un paso más que provocó el nacimiento del modelo urbano en Canaán, paralelo al ya existente en Mesopotamia, Siria y Egipto, aunque a menor escala.

Uno de los motivos que provocó el cambio de modelo de asentamiento fue la aparición de importantes rutas comerciales, que buscaban la conexión con los centros emisores de determinados productos para su intercambio. En este sentido, la ubicación de Canaán era clave, ya que se encontraba en medio de estos grandes centros urbanos. De ahí que los nuevos asentamientos no aprovecharan la antigua ubicación de los de la época calcolítica (con algunas excepciones como Biblos), sino que fundaran nuevos emplazamientos en lugares estratégicos por donde pasaban las rutas comerciales. Esto provocó otro importante cambio en las estrategias económicas, en las que se abandonó el sistema de las aldeas, basadas en la subsistencia agropecuaria, para pasar a un modelo de agricultura productiva capaz de generar suficientes excedentes con los que poder participar en la nueva economía de mercado. A partir de ahí, se empezó a engrasar una maquinaria que provocó cambios en todos los ámbitos: territorial, económico, social, político, cultural... dando paso, en definitiva, a una nueva era de internacionalización entre ciudades, estados e imperios.

De forma general, la ordenación espacial de esta primera época se basaba en una red de nuevos asentamientos organizados jerárquicamente a partir de una ciudad principal amurallada, unas pocas entidades urbanas menores y muchas pequeñas aldeas productoras que suministraban el cereal a los centros urbanos. Junto a estos centros existía también una importante base de población pastoril, que aportaba una no menos vital fuente económica al resto de los grupos. De este modo, en la costa surgieron importantes centros como Ugarit (en Siria) o Biblos (en el Líbano); pero fue en Israel y Palestina donde este modelo se desarrolló de forma más extensa, ya que cubrió todo el territorio desde el norte hasta el sur, con ciudades como Megiddo, Bet Yerah, Jericó, Ai, Tell el-Farah o Tell Arad.

La economía de estos centros se diversificó, y a los recursos agropecuarios se sumaron el comercio de productos, como las coníferas del Líbano, el cobre de Jordania, la turquesa y la cornalina del Sinaí y, sobre todo, el aceite y el vino, así como las actividades artesanales. Estos productos, enviados por tierra o por mar desde los centros cananeos, eran intercambiados por otros productos de lujo y prestigio, procedentes de los potentes estados mesopotámicos (Sumer y Acad), sirios (Ebla) y sobre todo de Egipto, el principal cliente de los cananeos. Esta riqueza fue la que permitió la prosperidad de estos centros urbanos, que sin duda quedó materializada en unas potentes fortificaciones (Tell Arad, Jericó, Tell Ta'anach), solo posibles en un contexto de estabilidad económica, marcada jerarquización social, amplia base demográfica y clara división del trabajo. Por otro lado, las murallas no solo eran una demostración del poder económico de sus habitantes, sino también una muestra de la necesidad de protegerse de enemigos que anhelaban controlar el territorio agrícola y sus rutas comerciales. Buena prueba de ello es que las murallas de Jericó debieron ser reconstruidas hasta diecisiete veces durante este período.

La dirección política de estas ciudades parece que recayó en una figura monárquica, a juzgar tanto por los restos arqueológicos de algunos edificios palaciales (Tell Arad, Tell es-Saidiyeh, Tell Yarmut) como, sobre todo, por los textos diplomáticos hallados en los que se hace mención del título de rey. Así pues, ya desde esta época quedó fijada una constante que se mantendría a lo largo de la historia de Canaán y Fenicia: la inexistencia de un estado político unitario.

La última parte de la Edad del Bronce Antiguo (2400-2000 a. C.) estuvo determinada por la entrada de Egipto en su Primer Período Intermedio, a finales del III milenio a. C. Esto supuso la pérdida de la unidad política y el fin de los contactos comerciales con las ciudades cananeas, que vieron como perdían a su mejor cliente. Esta situación provocó el colapso de los centros urbanos, especialmente en el centro y el sur de Canaán, y su paulatino abandono para regresar al modelo anterior de aldeas de economía de agricultura de subsistencia y pastoril. Los centros anteriores fueron sustituidos por otros mucho menores y situados en zonas como el Néguev o la Transjordania, más acordes con la nueva práctica económica. Del mismo modo, la cultura material también se vio afectada, no tanto porque decayera (de esta época datan importantes innovaciones tecnológicas como las primeras aleaciones reales de bronce, una depurada técnica de cocción de la cerámica o nuevas y mejoradas armas), sino porque se adaptó a las circunstancias y primó la necesidad y la funcionalidad, frente a la estética y al lujo.

Diferente fue la situación en el norte de Canaán, donde las relaciones no se daban solo con Egipto, sino que eran igual o más intensas aún con los reinos sirios, como el de Ebla. Sus archivos relatan las relaciones comerciales con las norteñas ciudades de Hazor, Megiddo o Bet Shan, lo que indica un mantenimiento de la economía comercial en esta parte de la región, si bien a menor escala que en el período anterior.

La época dorada de Canaán.
El Bronce Medio (2000-1550 a. C.)

El retorno de la estabilidad política a Egipto con Mentuhotep II (r. 2009-1959 a. C.) y la fundación del Reino Medio comportó la reapertura de las rutas

El relato de *Sinuhé, el egipcio*

Tras la salida de la crisis política del Primer Período Intermedio, Egipto vivió un nuevo renacimiento con la creación del Reino Medio. Debido a los vasos comunicantes que eran las relaciones entre Egipto y el mundo cananeo, esto significó también la recuperación de la zona, y muy especialmente de Biblos, que vivió una nueva época de prosperidad, a juzgar por los ricos materiales hallados en las tumbas de sus reyes (la dinastía de Abishemu), ofrecidos por Egipto como regalos diplomáticos.

Las aventuras de *Sinuhé, el egipcio* se sitúan en este contexto cronológico, es decir, en los primeros años de Senusert I, aproximadamente entre 1920 y 1875 a. C. Esta novela del escritor finlandés Mika Waltari, publicada en 1945, es importante no solo por su alta calidad literaria (está considerada como una de las obras maestras de la literatura de temática egipcia), sino

comerciales tradicionales (especialmente las de las minas de cobre y turquesa del Sinaí y las de cedro de Biblos del Líbano), lo que supuso para Canaán el renacer de la vida urbana y el inicio de la recuperación de los centros cananeos durante el período del Bronce Medio. Si bien la presencia egipcia está atestiguada por todo el mundo cananeo (muy especialmente porque además se basa en un episodio histórico: el asesinato de Amenemhat, padre de Senusert I, por un complot del harén. Por aquellas fechas, el príncipe heredero, Senusert, y Sinuhé se encontraban en una campaña contra los libios. De regreso recibieron la noticia de lo ocurrido, por lo que Senusert regresó rápidamente. Sinuhé permaneció en el campamento, donde por azar escuchó una conversación entre unos mensajeros y otro príncipe. Al parecer, debió oír alguna cosa relacionada con la conjura que había acabado con Amenemhat o quizá escuchó la preparación de otro ataque para acabar con Senusert. Sea como fuere, tuvo miedo y huyó de Egipto en busca de un refugio seguro, ya que pensó que lo podrían tomar como uno de los miembros del complot. Su destino fue Canaán, una tierra amiga y ahora de nuevo floreciente. Allí prosperó, hasta que muchos años después consiguió el perdón del rey y pudo regresar a su amado Egipto y ser enterrado allí. Ø

en Biblos), esta no obedecía a ningún tipo de control militar o administrativo, sino que estaba justificada tan solo por razones comerciales. Esta recuperación queda constatada en una cultura material de gran calidad, en la presencia de objetos de lujo procedentes de Egipto, pero también de Siria y Mesopotamia, o en la tipología de las tumbas. Pero quizá la prueba más evidente de esta recuperación del modelo urbano sea la presencia de determinadas ciudades cananeas, citadas en los textos egipcios de execración, datados a finales de la XII Dinastía (1760 a. C.). Se trata de unos textos de carácter ritual en los que se grababa el nombre de los pueblos potencialmente enemigos de Egipto sobre cuencos de cerámica o figurillas de barro, para ser después destruidos de forma ritual. El hecho de que en algunos de ellos ya se hiciera mención de muchos centros urbanos y ciudades daba a entender que el fenómeno de la reurbanización de Canaán ya era toda una realidad.

Esta segunda urbanización se tradujo en una época de gran prosperidad, que algunos no han dudado en denominar «la época dorada de la cultura cananea» en todos los niveles: arquitectónico (aparición de nuevos tipos de templo como los *migdol*, o templo-fortaleza), artístico-artesanal (tal y como demuestran los lujosos y primorosos objetos hallados en las tumbas de las élites de la zona), e intelectual (con los primeros pasos hacia un modelo de escritura alfabético).

Desde un punto de vista organizativo, es poca la documentación de la que se dispone, pero suficiente para hacerse una idea. En este momento, el mundo cananeo estaba organizado en ciudades-Estado independientes dirigidas por un gobernante que, desde la capital, controlaba un amplio territorio en el que se encontraban aldeas, pueblos y campos. A pesar de que no era lo común, en alguna ocasión estas ciudades-Estado podían unirse en algún tipo de confederación en la que alguna de ellas ejerciera, durante un breve período, una hegemonía sobre las demás, como parece haber sido el caso de Hazor en el norte del territorio cananeo. Pero eso era poco frecuente, ya que lo más habitual fue que mantuvieran su independencia y la búsqueda de su propio beneficio, lo que en ocasiones provocó disputas entre ellas. De hecho, fueron estas disputas las que motivaron la construcción de importantes sistemas defensivos, entre los que destaca una de las grandes invenciones del momento, el glacis, un muro en talud de adobe o de piedra sobre el cual se construía la muralla de la ciudad, con un foso alrededor.

Parte de esta prosperidad se debía a que Egipto no ejercía ninguna interferencia en la política comercial de las ciudades cananeas, ya que en aquel momento se encontraba en el Segundo Período Intermedio (1759-1539 a. C.) bajo el control de los «príncipes de las tierras extranjeras», mejor conocidos como «hicsos». Estos asiáticos de origen hurrita (no semita) habían penetrado en Egipto y se habían hecho con el poder hasta que fueron expulsados por los faraones tebanos de la XVII Dinastía, dando lugar a continuación al Reino Nuevo (1539-1292 a. C.).

Canaán bajo dominio extranjero.
El Bronce Final (1550-1150 a. C.)

Desde un punto de vista político, el Bronce Final empezó con la expulsión de los hicsos de Egipto y la inauguración de una época de dominio militar egipcio en el mundo cananeo. En realidad, desde este momento y hasta la llegada de los Pueblos del Mar, al final de este período, los reinos cananeos estuvieron sometidos a los grandes imperios de Mitanni, Egipto y Hatti. Este dominio introdujo un escalón más en la organización política de estos reinos, que a partir de ahora se basaba en una jerarquía piramidal, en cuya cúspide se encontraba el rey-señor al que estaban sometidos; por debajo estaba el sector palacial local, dirigido por el rey cananeo y apoyado por una administración bajo el control de un gobernador y sus subalternos. Fuera del ámbito palatino se encontraba el resto de la ciudad, organizada también de forma jerárquica, con un delegado real y un consejo de ancianos formado por cinco miembros (que representaban al resto de la aldea) y sus intermediarios con el poder real.

Pero las condiciones del dominio de cada uno de estos imperios no fue la misma. Así, durante el dominio mitannio (1600-1350 a. C., aproximadamente) el control se estableció a lo largo de toda la costa siria, hasta la ciudad de Qadesh. Durante este período, la autoridad de los reyes cananeos quedó en manos de los reyes mitannios, que eran quienes les autorizaban a gobernar tras la firma de un pacto de reciprocidad entre el rey de Mitanni (el señor) y el rey cananeo (el vasallo). Ahora bien, también les permitieron establecer pactos entre los diferentes reinos vasallos, siempre y cuando no pretendieran llevar a cabo una rebelión.

En el caso de Egipto, durante la XVIII Dinastía, y especialmente tras la famosa victoria de la batalla de Megiddo (1457 a. C.) por Tutmosis III (r. 1479-1425 a. C.) contra una coalición de reinos sirio-cananeos, la dominación egipcia se extendió hasta las puertas de Ugarit, cuyo reino marcó la frontera con Mitanni. Los egipcios organizaron el territorio en tres provincias: Canaán (Palestina), Amurru (costa libanesa) y Ube (valle de la Beqa y Damasco). Cada una contaba con una capital: Gaza, Sumura y Kumidi, respectivamente, que eran las sedes de los gobernadores egipcios, en las que también se encontraban asentadas las tropas de control. Los reyes cananeos estaban sometidos a la autoridad egipcia por un juramento de fidelidad; pero a diferencia del mitannio, en este caso era unidireccional, de modo que todas las cláusulas obligaban al rey cananeo al vasallaje hacia el faraón egipcio, aunque este no le debía nada a cambio. Lo único que le interesaba al faraón era la

«Biblioteca», la industria que rebautizó a una ciudad

Algo parecido al caso del tinte púrpura que pudo haber dado lugar a los nombres de Canaán y Fenicia, ocurrió con el nombre de Biblos. En efecto, el nombre original semítico de la gran metrópolis cananea era *Gbl* (Gebel, Gebeil, Gubia, Gubal) idéntico al nombre actual de la ciudad: Jebeil. ¿De dónde surge, pues, el nombre de Biblos? Como hemos comentado, en el levante no existió un sistema de escritura propio hasta el siglo XIV a. C. (el ugarítico), por lo que hasta entonces las inscripciones se hacían utilizando los jeroglíficos egipcios o los signos cuneiformes mesopotámicos. En el caso de las inscripciones jeroglíficas los soportes que se utilizaron fueron la piedra o los metales (normalmente en piezas de carácter monumental o en objetos de lujo) y en el caso de la escritura cuneiforme, la arcilla blanda. Pero con la aparición del alfabeto fenicio, el tipo de escritura cambió y pasó a ser realizada con tinta sobre soportes como el pergamino y, especialmente, el papiro, más barato y muy abundante en Egipto.

La ciudad de *Gbl* se convirtió en la principal importadora, productora y suministradora de papiro de toda la zona, y muy especialmente sucedió a partir del siglo VIII a. C., cuando la escritura fenicia se exportó al mundo griego, donde la palabra *papiro* se pronuncia «biblos». Por extensión, esta palabra pasó a

Restos del antiguo puerto fenicio en Biblos, de donde partían los cargamentos de madera de cedro y las manufacturas.

definir no solo el papiro, sino también el concepto más amplio de libro. De este modo, la ciudad donde se fabricaban empezó a ser conocida como Biblos, 'el lugar del papiro' o 'el lugar de los libros', en vez de *Gbl*. Poco después, los mismos griegos crearon una palabra derivada de esta (biblioteca, *bibliothéke*), donde la primera parte («biblo», *biblíon*) corresponde a 'libro' y la segunda parte («teca», *théke*) se traduce como 'armario' o 'caja de madera', por lo que la primera definición de una biblioteca sería «armario de libros».

fidelidad del reino sometido, la entrega del tributo y la cooperación con las tropas egipcias allí dispuestas. Este sistema no fue demasiado efectivo, pues la nula implicación en los asuntos internos por parte de los egipcios provocó situaciones de inestabilidad interna entre los reinos locales, de modo que en muchas ocasiones estos buscaron el apoyo de otro gran monarca, como ocurrió, por ejemplo, con el rey de Hatti, quien sí les aseguraba una protección recíproca.

El tercer imperio que dominó el mundo cananeo fue el hitita (1370-1250 a. C.) que, aprovechando la debilidad egipcia del período amarniense, se convirtió en la máxima potencia oriental, y puso bajo su órbita los antiguos territorios cananeos que habían estado en manos egipcias desde Tutmosis III. Los hititas se inspiraron más en el modelo mitannio que en el egipcio. Sin embargo, la gran diferencia respecto al tratado mitannio era que los hititas no permitieron los pactos entre los reinos cananeos, de modo que todos los asuntos debían ser resueltos por el gran rey de Hatti. Otra diferencia era el control directo del territorio por los miembros de la familia real hitita, que actuaban como gobernadores encargados de mantener el orden y recaudar los tributos. Junto a ellos se instauró también una importante presencia administrativa y militar que hacía muy difícil cualquier conato de revuelta.

Toda esta información la conocemos a partir de las llamadas Cartas de Amarna, un conjunto de tablillas escritas en acadio y conservadas en la capital herética de Akhenatón. Estas tablillas nos hablan de la diplomacia internacional de este momento y gracias a ellas se pueden reconstruir perfectamente las relaciones entre todos estos grandes imperios y los reinos que estaban bajo su dominio. Un buen ejemplo de ello sería la carta enviada por el faraón Amenhotep III a su homólogo babilonio Kadashman-Enlil I, en la que reclama la mano de su hija para sellar el acuerdo diplomático; o aquella otra en la que el rey de la ciudad de Irqata, al norte de Biblos y bajo la órbita de Egipto, solicita la ayuda del faraón ante un ataque y, al no recibir respuesta, cambia de bando y se alía con los asiáticos.

Con el ascenso de la XIX Dinastía y bajo el impulso de Seti I (r. 1294-1279 a. C.) y Ramsés II (r. 1279-1213 a. C.), Egipto volvió a reclamar sus antiguas posesiones asiáticas, ahora en manos hititas. Las campañas de Seti I prepararon el escenario para la gran batalla final de Qadesh (1274 a. C.), entre los egipcios de Ramsés II y los hititas de Muwatalli, que acabaría con la firma de un tratado de paz entre ambas potencias. La recuperación del territorio cananeo por parte egipcia (que se extendió hasta finales del Reino Nuevo, 1077 a. C.) implicó una serie de cambios importantes, como un empobrecimiento general de la sociedad cananea, la relegación de ciertas ciudades a entidades menores o el abandono de algunas, como Betel o Hazor, y la acumulación de riqueza en pocas manos. Este dominio egipcio se hace patente también en la ausencia de construcciones militares cananeas de tipo defensivo (murallas y otras fortificaciones) típicas del período anterior. Del mismo modo, el número de asentamientos de este período se redujo de forma considerable; por el contrario, los que quedaron activos aumentaron su tamaño debido al incremento de la población.

Pero la consecuencia más importante fue el establecimiento de centros de control dirigidos por gobernadores egipcios en las ciudades más estratégicas, tales como Gaza (en el sur) o Bet Shan (en el norte), entre otras. La misión de estos gobernadores era el control tanto militar como económico de la ciudad y de su territorio, por lo que en estas ciudades no solo se estableció el gobernador en su residencia, sino que también hubo guarniciones militares y un número significativo de funcionarios que dirigían y gestionaban los recursos de la urbe. Esta fuerza militar se hizo aún más evidente con la construcción de la famosa línea defensiva llamada el Camino de Horus, una serie de fortificaciones que protegían las rutas que unían Egipto con el sur de Canaán, a través del Sinaí.

Otra de las consecuencias que tuvo la reorganización de Canaán durante el dominio egipcio fue la aparición de una gran cantidad de población nómada, surgida del ocaso de algunas ciudades y que, en algún caso, optaron por establecerse en pequeños asentamientos en las colinas, con lo que crearon un tipo de asentamiento al margen del urbano. Estos grupos de «marginados» del mundo urbano, desarraigados que vagaban por las estepas o vivían en pequeños asentamientos de carácter pastoril en las colinas, recibieron el nombre de «apiru-habiru», un término que ya aparecía en las Cartas de Amarna, en las que se usaba para definir a bandidos, criminales y también gente socialmente inadaptada. Durante muchos años las investigaciones llevadas a cabo asociaron a los habiru con los hebreos, pero hoy sabemos que en realidad este término no se refiere a ninguna raza, etnia o pueblo concreto, sino que hace referencia a una condición social determinada, la de desarraigados, un grupo en el que también se contarían los primeros hebreos que darían origen, en breve, al pueblo de Israel.

Junto con los habiru se encontrarían otros grupos de origen dispar, algunos de los cuales aparecen documentados ya en tiempos de Ramsés II, aunque se hicieron más evidentes durante el reinado de sus sucesores, Merneptah y Ramsés III. Nos referimos a los llamados Pueblos del Mar. En gran parte, estos grupos serían los causantes del colapso de la Edad del Bronce, que provocó el paso de un mundo cosmopolita a un período de aislamiento estatal, la conversión de los grandes imperios en pequeñas unidades políticas independientes y la aparición de nuevos pueblos como los filisteos, los fenicios, los israelitas, los arameos o los estados neohititas. Todos estos cambios dieron lugar a una nueva era: la Edad del Hierro.

La Edad del Hierro: el mundo fenicio

(1150-330 a. C.)

La entrada en la Edad del Hierro significó el fin del mundo cananeo, vinculado a una esfera política dirigida por grandes imperios, alrededor de cuyos palacios y reyes gravitaba toda la sociedad. La nueva realidad política, formada por pequeños Estados independientes, hizo que se convirtieran en presa fácil de las nuevas potencias orientales. Los fenicios, herederos de los cananeos, no fueron una excepción y vieron cómo asirios, babilonios, persas y griegos (y después también romanos) ocuparon su territorio. A pesar de tantas imposiciones, fue también una época de esplendor que culminó con la colonización del Mediterráneo.

Los Pueblos del Mar y la reorganización de Canaán (1200-1150 a. C.)

La Edad del Bronce finalizó con una crisis generalizada en Oriente motivada por factores de carácter interno y externo. Los internos tuvieron un origen tanto socioeconómico (baja demografía, carestía agrícola, desurbanización, aparición de grupos de desarraigados que amenazaban el comercio caravanero) como político (desinterés de los monarcas por el pueblo y distanciamiento de la población para mantener su estatus). Los factores externos hacían referencia a movimientos migratorios que, si bien en algunos casos ya habían hecho acto de presencia en períodos anteriores, durante el siglo XII a. C. llegaron a ser realmente importantes; de hecho, contribuyeron en gran medida al colapso de los centros urbanos de la Edad del Bronce, lo que obligó a una reorganización general del territorio bajo unos parámetros muy diferentes a los anteriores.

El origen de estos movimientos migratorios se debe buscar en el mundo micénico del Egeo, que desde hacía tiempo ejercía un comercio marítimo con el levante, Chipre y Egipto. Los hititas ya hablaban del reino de Akhiyawa (posiblemente Acaya) como uno de los más importantes de todos en los que estaba configurado el mundo micénico y con el que mantenían relaciones comerciales. Pero este comercio naval debía luchar contra una activa piratería, presente sobre todo en la costa sur de Anatolia, entre Licia y Cilicia. De ahí surgían grupos cuyo modo de vida era hacerse con el control de las mercancías de las naves comerciales, exactamente igual que los nómadas de las estepas siriopalestinas. A estos grupos de piratas se les conoce popularmente como «Pueblos del Mar» y son, en gran parte, los responsables de la caída de la Edad del Bronce.

Hay que aclarar que en ninguna fuente histórica aparece esta denominación de «Pueblos del Mar». Este término fue acuñado en el siglo XIX por el egiptólogo francés Gaston Maspero, que lo empleó para hacer referencia al conjunto de pueblos que durante los reinados de Merneptah (r. 1213-1204 a. C.) y Ramsés III (r. 1184-1152 a. C.) aparecían mencionados en diferentes monumentos y contra los que estos faraones tuvieron que luchar para evitar que se instalaran en su territorio.

La documentación sobre los Pueblos del Mar procede de fuentes muy diversas, como las cananeas o hititas, aunque la mayoría son las de origen egipcio. De entre ellas, las más importantes y extensas son las inscripciones de Ramsés III en su templo funerario de Medinet Habu (Tebas oeste), correspondientes al año octavo de su reinado (1176 a. C.). El porqué de esta denominación radica en la forma en que algunos textos mencionan a estos pueblos: «... norteños que vienen de todas las tierras...»; «... los países extranjeros conspiraron en sus islas...», «... aquellos que vienen juntos del mar», «... maté a los danuna en sus islas...» o «... los sherdana y los weshesh del mar...». También la Biblia, si bien no se trata de un documento histórico, nos aporta información a tener en cuenta, en este caso, la relación de uno de estos pueblos, los filisteos, con los hebreos, una vez ambos se asentaron en Palestina.

Pero como decíamos, estos pueblos no llegaron de golpe a la región, sino que antes ya se habían establecido algunos contactos. Por ejemplo, en tiempos de Ramsés II el pueblo sherdana luchó (como mercenario) con las tropas egipcias; también en la campaña de Merneptah contra los libios (1209 a. C.) participaron algunos de estos pueblos, como los eqwesh, lukka, teresh, shekelesh o los sherdana; antes de la invasión de mediados del siglo XII a. C., en Palestina, hay constancia de la presencia de vestigios culturales de los peleset, como sarcófagos y cerámica micénica.

Tras estos primeros contactos, se produjo la invasión descrita en las inscripciones del templo funerario de Ramsés III (Medinet Habu) y en las cartas del palacio de Ugarit. Según las crónicas faraónicas, una coalición formada por los pueblos (familias enteras) de los peleset, zeker, shekelesh, danuna y weshesh había destruido los territorios hititas (Hatti, Cilicia, Arzawa, Chipre y Karkemish) y había llegado hasta Amurru, por lo que amenazaba al territorio egipcio tanto por tierra como por mar. El faraón, como no podía ser de otra manera, derrotó a los enemigos en una heroica batalla y logró el triunfo para Egipto. Sin embargo, esta narración resulta poco creíble y parece más un relato novelado que una crónica de guerra, tal y como acostumbra a pasar con este tipo de narraciones egipcias. En cambio, las cartas de Ugarit son un testimonio mucho más real de los acontecimientos. En ellas se explica que la flota ugarítica había sido reclamada por el rey hitita para acudir a Licia en su ayuda contra los invasores; por alguna razón que se desconoce, las flotas enemigas lograron cruzar el bloqueo y aprovecharon la indefensión de las costas sirio-palestinas para atacar. Las últimas cartas enviadas por el rey de Ugarit a su homólogo chipriota muestran el peligro inminente que tenían delante y del que ya no pudieron escapar. En contraste con los acontecimientos descritos en estas cartas, vemos que la narración de Ramsés III seguramente es una creación literaria a partir de una serie de choques terrestres y navales reales, pero mucho menos espectaculares que la «batalla final» que describen sus inscripciones y en las que el faraón aparece, como siempre, como el héroe y salvador de Egipto.

En cualquier caso, es cierto que los invasores fueron rechazados, pero a un alto precio: Hatti desapareció, Ugarit y otros importantes centros cananeos fueron destruidos, y Egipto perdió el control de sus dominios asiáticos. Por otra parte, los invasores fueron reubicados en diferentes emplazamientos: algunos volvieron a su lugar de origen (los lukka a Licia), otros se integraron entre la población cananea (como los danuna o los zeker), otros quizá se instalaron en el Mediterráneo central (se supone que los sherdana en Cerdeña, los shekelesh en Sicilia, y los teresh en Etruria, pero no es seguro), y otros se asentaron en Canaán y lograron crear un nuevo territorio propio, como fue el caso de los peleset, que darían lugar a los filisteos. De todos los Pueblos del Mar, estos son los únicos que han dejado un rastro arqueológico que se puede seguir a partir de sus vestigios, en especial a través de una cerámica muy característica conocida como cerámica micénica IIC:1B, o los sarcófagos antropomórficos, también de cerámica, que se han hallado en Ecrón y Ashdod, al sur de Canaán, dos de las ciudades correspondientes a la pentápolis filistea mencionada en la Biblia (Ashkelón, Ashdod, Gaza, Gat y Ecrón).

Seguramente se trataba de una sociedad jerarquizada en cuya cúspide estaba el estamento militar, con una religión de corte politeísta cercana a la cananea y bastante heterogénea. Así pues, a través de los textos y la arqueología se puede concluir que los filisteos fueron un pueblo que a lo largo de 150 años ejerció el dominio en el sur de Canaán, estaba bien organizado socialmente, contaba con un potente ejército, disponía de una cultura propia y su organización económica estaba por encima del resto.

Pero los filisteos no estaban solos. Otros pueblos nómadas (que formaban parte de los *hahiru* o que habían sobrevivido al «tsunami» de los Pueblos del Mar) también se encontraban en la zona y aprovecharon para asentarse en ella en este mismo momento. Entre ellos se encontraban los estados neohititas, supervivientes del antiguo imperio de Hatti, que se organizaron en potentes ciudades-Estado ubicadas al norte de Siria y al sur de Turquía. Otro grupo fueron los arameos, semitas surgidos del desierto sirio (a pesar de que según algunas fuentes eran poblaciones autóctonas que se rehicieron tras las invasiones del siglo XII a. C.) que se establecieron en el centro y norte de Siria y crearon una importante confederación de ciudades-Estado independientes y muy poderosas. Más allá del Jordán se desarrollaron los estados de Amón, Moab y Edom, de gran importancia en los siguientes siglos. También los fenicios, herederos directos del desaparecido mundo cananeo ocuparon la costa sirio-libanesa. Pero sin duda alguna, de todos los nuevos pueblos que surgieron en este momento, el que ha tenido una relevancia especial a lo largo de la historia hasta hoy en día es el pueblo de Israel que, como vimos, hizo su primera aparición en un documento histórico en la estela del faraón Merneptah. Recordemos que, tras la reestructuración de Canaán llevada a cabo por los egipcios durante su dominio de la zona en el Bronce Final, gran parte de la población de las ciudades, los hahiru, se vio obligada a abandonar su hogar y a convertirse en pastores nómadas o a habitar en las zonas montañosas de Palestina, en pequeñas comunidades rurales. Durante el reinado de Merneptah, estas poblaciones de montaña se habían hecho lo suficientemente numerosas como para ser reconocidas por este faraón como una entidad sociopolítica, a la que denominó Israel. Sin embargo, este nombre no hace aún referencia a ningún reino, sino a una agrupación humana que habitaba en una zona determinada. Las narraciones bíblicas sobre una supuesta conquista y la existencia de una monarquía unificada dirigida por David y Salomón desde el siglo XI a. C., con capital en Jerusalén, no han sido corroboradas por la historia ni la arqueología. Hasta el siglo X a. C. no se puede hablar de Israel como reino y solo para hacer referencia al territorio norte, con capital en Samaría; mientras que el territorio de Judá, al sur, aún habría de esperar un tiempo para constituirse como Estado.

Por lo que se refiere a los fenicios, estos no son sino los antiguos habitantes de Canaán que sobrevivieron a los avatares del cambio de era y que quedaron confinados en un territorio más pequeño, debido, principalmente, a tres factores que ya avanzamos en el primer capítulo: la ocupación de los hebreos del sur de Canaán, el asentamiento de los filisteos en la costa de Palestina y el establecimiento de los arameos en el territorio septentrional y norte de Canaán. Con estas pérdidas territoriales (tres cuartas partes de su territorio original, la mitad de su costa y todo el interior), el espacio geográfico antes ocupado por los cananeos y ahora por los fenicios se limitó a un área de unos 200 km de norte a sur, desde la altura de la isla de Arwad hasta Acre y el monte Carmelo. Culturalmente, también fueron los herederos de la religión, las costumbres y el arte cananeo, e incluso del sistema alfabético ugarítico, a partir del cual desarrollaron el fenicio, que luego pasó a Grecia, y que prácticamente ayudó a configurar todos los alfabetos actuales.

Curiosamente, del pueblo que desarrolló el alfabeto apenas nos han llegado textos; la razón principal obedece al tipo de material utilizado (papiro o pergamino) y a la destrucción de sus ciudades. En cuanto a las fuentes arqueológicas, estas tampoco son de demasiada ayuda, ya que la mayoría de las antiguas ciudades fenicias se encuentran sepultadas bajo las nuevas urbes, lo que impide su investigación arqueológica. Si no podemos consultar las fuentes originales ni a nivel textual ni arqueológico, ¿cómo podemos conocer la historia de los fenicios? Para ello, hemos de recurrir a fuentes indirectas, como la Biblia, las crónicas asirias y babilónicas y los textos clásicos. El problema de esta documentación es su falta de imparcialidad, ya sea por la hostilidad de los textos bíblicos, por la autopropaganda de los documentos asirios y babilónicos o por la lejanía cronológica de los textos clásicos. Aun así, se puede extraer cierta información de cada uno, siempre y cuando la podamos contrastar. De este modo, los textos bíblicos nos hablan de pactos, tratados y también de las costumbres religiosas de las ciudades fenicias; mientras que la documentación asiria y babilónica nos informa sobre la situación política y económica y de los tributos que se vieron obligados a pagar a estos imperios mesopotámicos.

Todo ello sería mucho más sencillo si se hubiesen hallado los archivos reales que existían en cada ciudad importante, a juzgar por lo que dejó escrito el historiador judío Flavio Josefo acerca de unos *Anales de Tiro;* y también sería más fácil si se hubieran hallado algunas obras como la *Historia Fenicia*, obra de ocho volúmenes de Sancuniatón (fenicio residente en Beirut y Tiro a finales del II milenio); esta obra fue traducida al griego por Filón de Biblos durante la segunda mitad del siglo I d. C., pero tan solo se conservan de ella algunos fragmentos en la *Preparado Evangélica* de Eusebio de Cesarea, que resumió y citó las traducciones de Filón. La última fuente a tener en cuenta es el relato egipcio del *Viaje de Unamón*, en el que se mencionan la existencia de diarios y de crónicas oficiales redactadas en papiro y conservadas en los palacios reales fenicios.

Fenicia bajo dominación asirio-babilónica (1150-539 a. C.)

Parece que tras la crisis del año 1200 a. C. y la destrucción de muchos centros de la Edad del Bronce, algunas ciudades fenicias comenzaron a reactivar su economía y a recuperar las relaciones comerciales interrumpidas desde entonces. Tal fue el caso de Sidón y Biblos, y una prueba de ello es el mencionado *Viaje de Unamón*. En esta descripción, la más completa sobre la Fenicia del siglo XI a. C., Biblos aparece descrita como el puerto más poderoso y el principal exportador de madera a Egipto, a cambio de lo cual obtenía grandes cantidades de papiro que, a su vez, era comercializado por el mundo griego. En el momento de la llegada de Unamón, el protagonista, Biblos estaba gobernada por Zakarbaal y la ciudad parecía gozar de una total autonomía, lo mismo que Sidón, de la cual se dice que contaba con más de cincuenta barcos atracados en su puerto, prueba de su importancia y poder.

Por su parte, Tiro no aparece mencionada en el relato egipcio de Unamón, y es que en esta época aún no era una ciudad importante; llegó a serlo a partir del s. x a. C. bajo Hiram I (r. 970-936 a. C.). Este monarca aprovechó la coyuntura internacional del momento para iniciar una época dorada en la que convirtió la ciudad en el imperio naval y comercial más importante de Asia durante los siguientes casi trescientos años, por delante de Biblos y Sidón. Desde ese momento, la historia de Tiro pasó a ser la historia de Fenicia.

Gran parte de la información que poseemos sobre el crecimiento y la expansión de Tiro bajo Hiram I es la que procede de la Biblia y de *Contra Apión*, del historiador Flavio Josefo. A partir de estas dos fuentes se ponen de manifiesto las buenas relaciones que el rey fenicio mantuvo con el rey de Israel, Salomón, con quien llegó a un acuerdo comercial según el cual Tiro aportaría tecnología, material de construcción, asistencia especializada, servicios y bienes para la construcción del templo y el palacio de Salomón, a cambio de plata y cereales para la casa real, muy escasos en su territorio. Pero lo más importante es que esta alianza aseguraba a Tiro el acceso a las rutas del interior, hacia el Éufrates, Siria, Mesopotamia y Arabia, y daba salida a sus productos manufacturados. En una segunda fase, este acuerdo fue ampliado mediante la construcción de una flota naval (las famosas naves de «Tarshis») con salida en el puerto de Esion-Gueber (Elat) y con destino al fantástico país de Ophir (probablemente ubicado en la costa occidental del mar Rojo, Somalia o Yemen). De aquí llegaban grandes cargamentos de oro, plata, marfil y piedras preciosas que, por primera vez, no habían de pasar por las manos egipcias. Ahora eran adquiridas directamente por los fenicios, lo que conllevó un aumento de beneficios, que fueron reinvertidos en el embellecimiento de la ciudad. De este modo, Hiram I reconstruyó y reforzó el puerto de Tiro, llevó a cabo la unión de las dos islas sobre las que se asentaba la ciudad, en una sola, para aumentar su tamaño, construyó el palacio real, el mercado y los tres templos de la ciudad. Tiro se convirtió así en una gran y potente ciudad. Pero el principal problema es la fiabilidad histórica de la narración bíblica. Fuera la historia verídica o no, lo cierto es que desde la muerte de Hiram I, Tiro logró conseguir un período de estabilidad que permitió a sus reyes llevar a cabo una auténtica expansión territorial. El principal protagonista fue Ittobaal I (r. 888-856 a. C.), quien logró crear por primera vez (y hasta el año 701 a. C.) una unidad

Yacimiento arqueológico Al Mina, en Tiro, Líbano. Tiro, fundada a la vez que Sidón y Biblos, fue la más importante de las ciudades fenicias. En la imagen, las columnas de lo que se cree que fue la «palestra», el lugar donde se formaban los atletas.

política superior a la ciudad-Estado, que reunía a las ciudades de Tiro y Sidón, con capital en la primera y bajo la autoridad de sus reyes. A esta época corresponden también las primeras fundaciones coloniales tirias en Libia y en terreno geblita, lo que demuestra también la hegemonía de Tiro sobre Biblos. A partir de entonces la política exterior de Tiro presentó tres frentes bien diferenciados: Israel, norte de Siria junto con Cilicia, y Chipre.

Por lo que respecta a Israel, la intención era seguir manteniendo las buenas relaciones para asegurar la obtención de alimento y el acceso a rutas comerciales. Para ello Ittobaal I mandó casar a su hija, la «pérfida» Jezabel, con el rey Acab de Israel, lo que acarreó no pocas críticas entre los profetas de Judá. El siguiente frente fue el del norte de Siria y Cilicia (actual golfo de Alejandreta), zona de acceso a los principales centros de obtención de metales del sureste de Anatolia, que los monarcas tirios manufacturaban como otra de sus monedas de cambio comercial, así como un importante emplazamiento para la obtención de esclavos y un buen lugar desde el que controlar las rutas comerciales marítimas hacia el Egeo.

El último frente fue Chipre, donde se fundó la primera colonia tina, Kition, en 820 a. C. Esta parte de la isla pasó a estar bajo autoridad fenicia y fue incorporada a la esfera de Tiro-Sidón. La razón era obvia: la obtención del cobre, básico para la elaboración del bronce (el estaño lo obtenían de Anatolia). De este modo, Tiro había logrado la mayor expansión territorial conocida por los fenicios hasta el momento, lo que también tuvo repercusiones en la propia ciudad, que fue dotada de un segundo puerto artificial.

Pero esta expansión tiria pronto llegaría a su fin debido a la aparición del imperio neoasirio, con el

¿Existió el reino de David y Salomón?

El *Libro de los Reyes* y las *Crónicas* de la Biblia nos hablan de las estrechas relaciones entre el rey Hiram de Tiro (siglo x a. C.) y el rey Salomón. El entendimiento y la colaboración entre ambos fue máximo, tal y como lo explicitan los propios textos bíblicos al hablar de sus expediciones comerciales y del gran suministro de materias preciosas y personal cualificado que fue enviado a Jerusalén para la construcción del palacio real y del templo de Yahvé.

Pero este episodio, como muchos otros vinculados a la historia bíblica, ha sido reinterpretado a la luz de nuevos descubrimientos arqueológicos realizados en los últimos años, con un resultado sorprendente para sus investigadores: al parecer, no existen pruebas históricas suficientes para afirmar la historicidad del relato bíblico de David y Salomón. De hecho, el único testimonio que sostiene la historicidad de David es la estela de

que mantuvieron duros enfrentamientos a lo largo de los siglos IX y VIII a. C. hasta que, no contentos con el pago anual de un tributo, decidieron anexionar las ciudades fenicias a su imperio y tomar el control de la zona. Sidón primero y Tiro después acabaron cayendo en manos asirias en el año 701 a. C., lo que puso punto y final a la unión política de ambas ciudades.

Tel Dan, de finales del siglo IX a. C., en la que se encuentra la mención de «la casa de David», una inscripción que solo prueba la existencia de una entidad política fundada por un tal David hacia el siglo X a. C., pero que en ningún caso confirma el relato bíblico. Lo poco que se sabe de esta época es que la mayoría de la gente de Judá vivía en pequeñas aldeas y asentamientos familiares, con una economía basada sobre todo en la agricultura y la cría de ovejas y cabras.

Por lo que se refiere a la figura de Salomón, durante muchos años los historiadores han creído identificar como obra suya los restos de grandes fortificaciones, puertas monumentales y otras construcciones, como palacios o establos, en un intento de vincularlos a los que le atribuye la Biblia. Sin embargo, un análisis arqueológico más detallado ha permitido atribuir todas estas construcciones a un período un siglo posterior, el de la dinastía omríta de Omrí y en especial a Acab (siglo IX a. C.). *Ø*

Sus habitantes fueron deportados a Asiria y el trono de Tiro fue ocupado por gobernantes asirios.

De esta manera, durante los primeros momentos de la ocupación asiria y ante el paulatino control de las rutas comerciales y de sus recursos, Tiro y los fenicios vieron cada vez más necesario buscar nuevos mercados. Fue así como se inició la expansión fenicia fuera del continente, con la fundación de las primeras colonias: la ya mencionada de Kition en Chipre, y la de Cartago (814 a. C.) en el norte de África. Esta última fue fundada por la princesa Elisa-Dido, hermana de Pumiyaton (más conocido como Pigmalión), rey de Tiro. A partir de ahí, los fenicios fueron colonizando todo el Mediterráneo.

El fenómeno de la colonización, sin embargo, no fue hegemónico entre las ciudades fenicias. Si bien no había ni una que no comerciara en el Mediterráneo, no todas se sumaron a la aventura colonial. Así, no se tiene noticia de que ciudades como Arwad llevaran a cabo colonización alguna, y Biblos lo hizo de una forma muy limitada. Sidón, en cambio, sí que lo hizo, pero solo en la etapa inicial de la precolonización, aquella en la que solamente se lleva a cabo una toma de contacto pero no se establece ningún asentamiento. Efectivamente, antes de fijar un asentamiento definitivo fuera de la ciudad de origen era necesario llevar a cabo unos pasos previos. En primer lugar, se realizaba una búsqueda de territorios que tuvieran los materiales deseados (especialmente metales: plata, cobre y estaño) y se establecía un intercambio de trueque tradicional, del que solo queda constancia por la presencia de los productos llevados desde la ciudad de origen a estos nuevos territorios. Si la relación era buena, los contactos se intensificaban y dejaban constancia a través de una influencia cultural más fuerte sobre la población local. Finalmente, tras decidir que valía la pena, se enviaba a un grupo de fenicios a vivir en aquella zona y fundaban una colonia. De todas las ciudades, la que más número de colonias fundó fue Tiro, con emplazamientos en las costas del sur de la Península ibérica, el Mediterráneo central y las costas anatolias, al menos desde el siglo IX a. C.

Elegir el lugar donde se iba a erigir la colonia también era un proceso importante, ya que debía reunir unas condiciones similares a las de las propias ciudades madre: un lugar ligeramente elevado (un promontorio), de fácil defensa (una isla o una península), con un buen puerto natural y una cómoda navegación, y cerca de un acceso hacia las regiones interiores.

Uno de los aspectos importantes del comercio que implicó la colonización fue que, a diferencia del período anterior en el que era una actividad palacial, ahora el comercio también era una actividad con la que no solo se podía beneficiar la clase dirigente, sino a la que también podían acceder empresas privadas.

Aunque la colonización repercutió muy positivamente en la economía de las ciudades, su sometimiento al poder asirio hizo que la felicidad de los fenicios no fuera completa. Deseosos de conseguir la independencia, los últimos años del imperio asirio

Nabucodonosor II de Babilonia (r. 604-562 a. C.)

Nabucodonosor II (o en su lengua natal *Nabu-kudurri-usur*, «Oh, dios Nabu, protege a mi descendencia») es, sin duda, uno de los monarcas más conocidos de la historia mesopotámica, especialmente por haber sido el constructor de la gran Babilonia y de monumentos tan famosos como sus murallas, la Torre de Babel y la Puerta de Ishtar, que los textos clásicos y bíblicos primero, y los datos arqueológicos después, se han encargado de hacer eternos. Al contrario de lo que algunos piensan, no fue el artífice de los célebres Jardines Colgantes, que no se encontraban en Babilonia, sino en Nínive.

Pero su verdadera importancia no se encuentra en estas construcciones, sino en el dominio que ejerció sobre una gran parte del Próximo Oriente durante su largo reinado, que duró la mitad de todo el período del Imperio neobabilónico (626-539 a. C.). Para lograrlo tuvo que llevar a cabo campañas en todos los frentes y contra todos sus enemigos. De todas ellas, las más destacadas serían su victoria ante las tropas egipcias en Karkemish (605 a. C.), las campañas en Siria-Palestina (604-568 a. C.) y, sin duda, la doble victoria sobre el reino de Judá (primero en el año 597 a. C. sobre Joaquín y diez años después sobre Sedecías). Estas dos campañas provocaron la conquista de Jerusalén, la destrucción del Templo de Salomón y la deporta-

Excavación arqueológica de la antigua Jerusalén. Restos de la época del primer templo, destruido por las tropas de Nabucodonosor.

ción de la mayor parte de la población judía a Babilonia y a otras partes del imperio. Este fue uno de los episodios más traumáticos para los judíos a lo largo de su historia, en el que estuvieron a punto de desaparecer como pueblo. Por suerte, setenta años después, Ciro el Grande conquistó Babilonia y permitió el regreso de todos los deportados; si Ciro hubiera llegado cien años después, quizá no hubiera encontrado judíos, ya que muy probablemente se hubieran ido disgregando en la historia como muchos otros pueblos del pasado. Ø

en el levante estuvieron marcados por constantes su-
blevaciones y alzamientos de las ciudades de la costa, que siempre acabaron con las correspondientes
campañas de castigo, destrucción y deportaciones.
Cuando en 612 a. C. la acción combinada de medos y
babilonios empezó a poner punto y final a la hegemonía asiria, los fenicios creyeron ver una luz al final del
túnel y poder recuperar su ya muy lejana autonomía.
Pero solo fue un espejismo. La llegada de Nabucodonosor II (r. 604-562 a. C.) y del nuevo imperio neobabilónico comportó la captura de Siria, Palestina y las
ciudades fenicias y un efectivo control administrativo, político y económico de toda la zona. Pero esto
no se produjo de golpe ni de forma inmediata, sino
que fue el resultado de múltiples campañas anua-
les, que empezaron en el 604 a. C. con la toma de Ascalón, y acabaron con los trece años de asedio de Tiro,
entre los años 585 y 573 a. C. Poco después, el propio
Nabucodonosor II suprimiría la monarquía fenicia de
Tiro y la sustituiría por una nueva institución, la
de los jueces o sufetes, durante siete años y tres meses. No se conoce demasiado bien su funcionamiento,
pero está claro que fue una hábil y útil estrategia del
monarca para descabezar el liderazgo de Tiro y sus
ansias independentistas, como mínimo durante su
reinado. Los buenos tiempos de Tiro habían llegado a
su fin. Tras años de rebeliones y de asedios, sumados

a su tozudez en no ceder la isla, la pérdida de sus colonias marítimas (excepto Kition), la independencia de Cartago y la fundación de sus propias colonias, la ciudad se vio muy debilitada. El golpe de gracia vino con un fuerte terremoto acaecido en el año 550 a. C., que selló casi definitivamente su destino, ya que gran parte de la ciudad fue abandonada.

La muerte de Nabucodonosor II, la debilidad de sus sucesores, las luchas internas entre ellos y el ascenso del último rey babilonio, Nabónido (r. 555-539 a. C.), poco dado a los asuntos políticos y más pendiente de su devoción particular al dios Sin (por el que abandonó Babilonia durante diez años), llevarían a la caída de Babilonia en manos de los persas. Bajo la dirección de Ciro II, el Imperio persa ya se había hecho con el control de todo Irán y Anatolia, y ya solo les quedaba Babilonia y Egipto para dominar Oriente por completo. La primera cayó en el año 539 a. C. El propio Ciro II entró sin oposición alguna y fue reconocido como rey, lo que puso fin al Imperio neobabilónico. Egipto fue anexionado por su hijo Cambises II poco después, en 525 a. C.

Fenicia bajo dominación persa (539-330 a. C.)

La conquista persa del Imperio neobabilónico supuso una nueva época de esplendor para Fenicia. Tras la desaparición de Tiro de la primera línea, el relevo fue tomado por Sidón, donde una nueva dinastía, dirigida por Eshmunazar I (575 a. C.), había usurpado el trono. Sus descendientes se pusieron al servicio de los reyes persas, que instalaron aquí la sede de su gobernador. El territorio, por tanto, pasó a formar parte de la quinta satrapía del imperio, la Transeufratina.

Las ciudades de la costa sirio-libanesa como Sidón y Arwad jugaron un papel de primer orden en el Imperio persa, ya que se convirtieron en los astilleros y en las bases de la potente armada fundada por Cambises II (r. 530-523 a. C.). La flota persa estuvo formada en un principio por las embarcaciones de estas ciudades fenicias, a la que más adelante se unirían la flota chipriota y las flotas griegas de la Jonia y la Eólide. Esta gran armada resultó de vital importancia en la expansión del Imperio persa hacia occidente: primero, con la conquista de Egipto por parte del propio Cambises II en 525 a. C.; segundo, con el control del mar Egeo y de las costas griegas por parte de Darío I; y tercero, con las famosas batallas navales de Jerjes I en su expedición contra Atenas en 480 a. C., en el contexto de las Guerras Médicas. Según algunas fuentes clásicas, como el dramaturgo griego Esquilo, durante la segunda de estas guerras la flota persa llegó a estar formada por 1207 galeras. Esta cifra, sin embargo, es enormemente exagerada, ya que en realidad debieron de estar entre las trescientas y cuatrocientas, un número quizá más ajustado a la realidad.

Pero ¿cuál era el estatus de las ciudades fenicias bajo el Imperio persa? Inicialmente, bajo Ciro II y Cambises II, la realeza de las ciudades fenicias no se vio alterada y presentó una continuidad respecto a la existente. Ni siquiera parece que los monarcas persas intervinieran en la elección de los reyes fenicios. Pero con la gran reorganización administrativa, territorial y fiscal del imperio bajo Darío I (r. 521-486 a. C.), este régimen se vio alterado. La figura del monarca fenicio quedó eclipsada por la presencia de un gobernador persa que residía en la ciudad junto a su familia, sus subalternos y un cuerpo militar, y que actuaba como representante del imperio y máxima autoridad en la zona. Su función era la de controlar las ciudades más estratégicas que, en el caso de las fenicias, eran prácticamente todas, ya que permitían el control de la ruta costera y de sus fortalezas marítimas, esenciales como base de apoyo para sus campañas contra Egipto y Grecia.

Más allá de esta sumisión de las casas reales fenicias a la autoridad persa, otra de las consecuencias de formar parte de su imperio se dio en el ámbito económico. Evidentemente, la construcción y el mantenimiento de la flota persa eran sumamente costosos e iban a cargo de cada ciudad, además del tributo anual que debían pagar. Tras la debacle militar persa de la Segunda Guerra Médica y la pérdida de gran parte de la flota, las ciudades fenicias entraron en una situación de grave declive económico, no solo por haber perdido hasta las tres cuartas partes de las naves (lo que les obligaba a rehacer la flota, con el alto coste que ello significaba), sino que además perdieron el control comercial del Mediterráneo oriental. Todo ello provocó la aparición de las primeras monedas acuñadas en el mundo fenicio a partir del año 450 a. C., para poder hacer frente a esta crisis económica.

La situación financiera de las ciudades fenicias a lo largo de la segunda mitad del siglo V a. C. mejoró debido a la ausencia de grandes conflictos navales y de la consiguiente escasa participación de la flota persa. Esto conllevó un período de paz y prosperidad, como lo demuestran los logros culturales y artísticos alcanzados en todo el territorio, entre ellos, los fantásticos sarcófagos antropomórficos de Arwad y Amrit, las estatuas y los relieves del santuario de Eshmun en Sidón o los bellos sarcófagos reales sidonios.

La última parte de la historia del Imperio persa (404-303 a. C.) vino marcada por la crisis interna que se vivió, debido a los problemas sucesorios tras la muerte de Darío II (r. 423-404 a. C.) y que se prolongarían hasta los últimos reyes persas. Esta crisis institucional provocó muchos alzamientos y revoluciones en sus dominios, sobre todo en Asia Menor y Egipto, que afectaron también a las ciudades fenicias. De hecho, la rebelión de Sidón fue sofocada con el incendio y destrucción de la ciudad, a modo de ejemplo para las urbes que pensaran en rebelarse en algún otro momento. Tiro también sufrió una revuelta entre los años 354 y 350 a. C., pero en este caso fueron los siervos los que se alzaron en contra del gobierno de la ciudad, como consecuencia de las difíciles condiciones económicas del momento. Aunque quizá la muestra más clara de la pérdida de autoridad de los persas sobre las ciudades fenicias fue la fundación de Trípoli, una ciudad que en realidad fue fundada por otras tres (Tiro, Sidón y Arwad) y que representaba una especie de confederación donde todas las ciudades fenicias se reunían de forma aleatoria, o en momentos de necesidad, para tratar sobre aspectos importantes que afectaran a la política, la economía o la sociedad, sin ninguna autoridad persa que las controlara.

Los problemas persas no pasaron inadvertidos al otro lado del Mediterráneo, en el reino de Macedonia. Desde allí y aprovechando la situación, Filipo II (r. 359-336 a. C.) llevó a cabo un primer ataque en Asia Menor, con el objetivo de liberar a las ciudades griegas del dominio persa. Su asesinato frenó la campaña, aunque fue pronto retomada por su hijo Alejandro III (332-323 a. C.), de solo 20 años, pero asociado al trono desde los 16. Al frente de los persas estaba Darío III (r. 338-330 a. C.), que se había convertido en rey solo dos años antes que el macedonio, tras las ya habituales conspiraciones y asesinatos de los otros candidatos. El imperio persa estaba sentenciado.

El período helenístico-romano

(330 a. C.-136 d. C.)

Con la caída de Persia en manos de Alejandro Magno se abrió una nueva época en Oriente, que recibió la llegada del mundo occidental, representado primero por los griegos y después por los romanos. Fenicia sobrevivió como una provincia sometida a unos y otros, y terminó desapareciendo lentamente bajo la influencia helenístico-romana. El foco de acción se trasladó entonces a Judea, donde los judíos habían regresado del duro exilio babilónico, para verse ahora sometidos a los romanos. Mantuvieron con ellos unas duras relaciones que se saldaron con la destrucción del Templo de Jerusalén y de toda la ciudad, cuyas consecuencias llegan aún hasta nuestros días.

La dominación helenística (330-63 a. C.)

El primer paso de las grandes conquistas de Alejandro fue la famosa batalla del Gránico (334 a. C.), que libró contra los persas. La victoria del macedonio le permitió alcanzar la costa anatólica y tomar las ciudades de Sardes y Mileto. Una vez en tierra firme, y consciente de la superioridad marítima de los fenicios, licenció a su flota y siguió la campaña con su infantería y caballería. El siguiente enfrentamiento fue en Isos (333 a. C.), en la costa siria, que terminó con la huida de Darío III y el abandono de su familia en el campamento real que tenía cerca de Damasco. Cuando cayeron en manos de Alejandro, este los acogió y trató con sumo respeto.

Antes de proseguir sus conquistas y de adentrarse demasiado en el interior, era necesario asegurar su retaguardia, por lo que era imprescindible hacerse con el control de las ciudades fenicias. Entonces puso rumbo sur y descendió por la costa siria.

Según las fuentes clásicas, la llegada de Alejandro fue vista más como la de un libertador que la de un conquistador, de modo que todas las ciudades fenicias le abrieron sus puertas: primero Abdashtart, príncipe heredero de Arwad; luego Trípoli, Biblos y Sidón (donde su rey Estratón II, filopersa, fue depuesto por su propio pueblo). De esta manera, Alejandro no solo consiguió el control de la costa y de las ciudades fenicias, sino también de gran parte de la flota enemiga (atracada en los puertos de sus ciudades y de Chipre). Al ver que el Imperio aqueménida se desvanecía, la armada aliada con Persia decidió desertar y pasarse al bando del macedonio, que se convirtió en su nuevo señor.

Llegado a Tiro, el príncipe heredero de la ciudad (se desconoce su nombre) le ofreció su sumisión. Todo parecía ir bien, hasta que a Alejandro se le ocurrió realizar un sacrificio en el templo oficial del dios de la ciudad, Melqart, a quien consideraba una manifestación de su antepasado Heracles. Según los textos, la casualidad quiso que en esas fechas se celebrara la fiesta de la divinidad, por lo que el templo principal estaba cerrado. Entonces los tirios le dijeron que, si quería, podía hacer el sacrificio en el antiguo templo de la ciudad continental, la antigua Ushu; pero Alejandro se lo tomó como una ofensa a su autoridad y decidió castigar a la ciudad con un espectacular asedio, que terminó con la unión física de la isla al continente a través de una lengua de tierra artificial (que hoy en día aún se conserva) y que convirtió a la isla de Tiro en una península. De esta forma, la isla fue tomada, la ciudad destruida, ocho mil de sus habitantes ejecutados, otros dos mil crucificados y el resto vendido como esclavos. Solo se salvaron el rey,

Tiro, la ciudad-isla inexpugnable

Tiro se encuentra situada en la costa sur del Líbano y su nombre actual en árabe, Sour, se mantiene fiel al nombre semítico antiguo, *Sor,* que significa «roca», en referencia a que en un principio Tiro se encontraba en un grupo de islotes rocosos situados a escasa distancia de la costa. Según Plinio, fue Hiram I (siglo X a. C.) quien unió las dos islas más grandes entre sí para ampliar la ciudad, que pasó a tener un perímetro de 22 estadios, es decir, unos 4 km. Sin embargo, algunas estimaciones actuales la reducen a unos 700-750 metros para una extensión total de 53 Ha, en la que se calcula que vivirían unas 35 000 personas.

Para poder subsistir, la isla dependía totalmente del yacimiento continental de Ushu, que suministraba agua (que era transportada en botes y acumulada en las grandes cisternas), así como cereales y otros productos, como la madera o el murex,

un pequeño grupo de nobles tirios y una delegación cartaginesa que se encontraba en la urbe con motivo de las fiestas, ya que pudieron refugiarse en el templo. Alejandro les perdonó la vida y lo que quedó de la ciudad fue ocupado por una guarnición macedonia. De este modo, Tiro perdió su autonomía y, con ella, que también eran transportados y almacenados en la isla. Sus dos grandes puertos (el egipcio al sur y el sidonio al norte) eran sus principales activos comerciales, pero también los lugares donde se encontraba anclada la formidable flota tiria, que defendía la ciudad en caso de cualquier ataque a la isla.

Además, la ciudad estaba fuertemente protegida por altas murallas y torres. Sus defensas eran tan fuertes que ningún rey logró tomarla. Ni siquiera el propio Nabucodonosor, que la sometió a trece años de asedio. Solo Alejandro Magno en la campaña de 333-332 a. C. consiguió conquistarla mediante una acción absolutamente inimaginable: la construcción de un dique artificial desde el continente hasta la isla de unos 800 metros de largo a través del cual pudo atacar su ejército que, junto con la ayuda de la flota chipriota, logró la toma de la inexpugnable Tiro. La construcción de este dique la unió hasta hoy al continente, pasando de ser una isla a una península. **Ø**

Fenicia dejó de existir como entidad política independiente.

Alejandro se desvió entonces hasta Egipto, donde tras visitar el oráculo de Amón en el oasis de Siwa fue proclamado faraón. Mientras tanto, Darío III aprovechó para formar un nuevo ejército y enfrentarse por última vez con el macedonio en Gaugamela (331 a. C.), donde Alejandro lo derrotó definitivamente. La caída del Imperio persa marcó el inicio de una nueva época en la que el mundo oriental y el occidental se fundieron en un único núcleo político y cultural, que se extendió desde Macedonia hasta Egipto y la India.

Pero lo que tendría que haber sido un imperio poderoso y longevo, acabó de forma súbita con la prematura muerte de Alejandro en Babilonia, en el año 323 a. C. Su enorme imperio fue dividido entonces entre sus generales (los diádocos) de la siguiente manera: Casandro gobernaría en Macedonia y Grecia, Lisímaco en Tracia y parte de Anatolia, Seleuco en Mesopotamia y parte de Anatolia, y Ptolomeo en Egipto. Sin embargo, tras una serie de enfrentamientos, al final el reino alejandrino quedó dividido en dos partes: el reino ptolemaico y el reino seléucida. A lo largo de los siguientes años ambos se enfrentaron en múltiples ocasiones por la hegemonía del litoral levantino, en lo que se conocen como las Guerras Sirias (274-168 a. C.). A finales del siglo III a. C. el mundo helenístico era un equilibrio a tres bandas entre Macedonia, Seleucia y Egipto. Debilitado el tercero y falto de peso el primero, era el gran momento del segundo o así lo creyó su rey, Antíoco III el Grande. De este modo, tras la muerte de Ptolomeo IV en 204 a. C., y aprovechando la corta edad de su sucesor Ptolomeo V, que contaba solo con seis años, Antíoco III de Seleucia y Filipo V de Macedonia pactaron atacar Egipto y dividirse su territorio. Este pacto quedó confirmado de nuevo tras la batalla de Panion (198 a. C.) con la victoria de Antíoco III sobre Ptolomeo V, momento en el que las ciudades fenicias y Judá pasaron a ser tuteladas por los seléucidas. A partir de este momento, el foco de la historia de la antigua Canaán se centró en el mundo judío, y muy poco es lo que se conoce de las ciudades fenicias.

El sometimiento al Imperio seléucida hizo que el contacto del mundo judío con el griego (lengua, cultura, arte y pensamiento) fuera constante y muy profundo, hasta el punto de que gran parte de la población judía fue helenizada de forma inconsciente. El problema llegó cuando esta helenización se quiso imponer por la fuerza. En efecto, así como en otras muchas partes de Asia la helenización del territorio y de sus habitantes fue un proceso aceptado con naturalidad, en Judá se encontró con una gran oposición por parte del pueblo y de determinados sectores de la élite, representados por los sacerdotes del templo de Jerusalén, la máxima autoridad judía. Estos sacerdotes, a través del cuidado del templo, de sus prácticas y del obligado cumplimento de la Torá, habían conseguido mantener unida a la comunidad judía desde el exilio babilónico. La razón de esta oposición era el peligro que suponía para la población la aparición de nuevos dioses, nuevos templos y ritos, y nuevas doctrinas que iban en contra del pensamiento y la fe judíos. Ante la amenaza de que la comunidad pudiera desaparecer disuelta entre esta nueva cultura, los sacerdotes del templo de Jerusalén y una buena parte del pueblo se resistieron a ser helenizados, por lo que protegieron celosamente sus leyes y sus costumbres.

El momento de máxima tensión fue la llegada de Antíoco IV Epífanes (r. 174-163 a. C.), uno de los reyes de peor recuerdo para los judíos. Este monarca no solo depuso al sumo sacerdote judío para colocarse él mismo en su lugar, sino que también saqueó y profanó el templo (167 a. C.) y decretó la prohibición de muchas de las costumbres judías, como los sacrificios, la observancia del *shabbat* o la circuncisión. Pero lo peor fue la dedicación del templo de Yahvé a Zeus y la imposición de las prácticas de culto griegas.

Frente a esta acción impensable, el pueblo judío no aguantó más y se rebeló. Quien tomó la iniciativa fue Matatías, un miembro de una familia de sacerdotes llamada Asmoneos y asentados en Jerusalén, seguido por su hijo Judas el Macabeo. De hecho, esta primera gran rebelión judía recibió el nombre de rebelión de los Macabeos. La victoria sobre Antíoco IV comportó la fundación de una nueva dinastía real que llevaría el nombre original de aquella familia

Grabado de Gustave Doré que representa el castigo al que fue
sometido Antíoco IV durante la rebelión de los Macabeos.

sacerdotal que encabezó la rebelión: los Asmoneos (166 a. C.-100 d. C.). De este modo el pueblo judío recuperó su monarquía, perdida desde la conquista de Nabucodonosor II. Los Asmoneos no solo ostentaron el título de rey, sino que también tuvieron bajo su control el título de sumo sacerdote.

Este nuevo y pequeño reino judío, llamado desde ahora Judea, en un principio estaba formado únicamente por el territorio del antiguo reino de Judá, con Jerusalén como capital. Pero las campañas del rey asmoneo Alejandro Janneo (r. 103-76 a. C.), que aprovechó los problemas de los monarcas seléucidas, le permitió aumentar su territorio y llegar a controlar también Galilea, ciertos territorios más allá del Jordán, Idumea y parte de la costa. A su muerte, sin embargo, sus dos hijos se enfrentaron en lo que terminó derivando en una guerra civil, que solo se resolvió con la entrada de un nuevo actor en la escena internacional y que acabaría asumiendo el papel de protagonista principal: Roma.

La llegada de los romanos a Oriente (63 a. C.-132 d. C.)

Mientras los dos hermanos, Aristóbulo e Hircano, se enfrentaban por la disputa del trono, en Anatolia un joven general romano llamado Pompeyo había recibido la dirección de la guerra en Oriente, en la que Roma tenía muchos intereses depositados, especialmente el control de los territorios del Ponto y de Armenia y de sus rutas comerciales. En el año 66 a. C., Pompeyo atravesó Anatolia, liquidó al ejército póntico y siguió hasta invadir la Cólquide e internarse en el Cáucaso, hasta el mar Caspio. Pero la llegada del invierno aconsejó detener su avance, lo que le permitió consolidar toda la costa norte de Anatolia y crear la nueva provincia de Bitinia-Ponto, en cuyo interior instauró una serie de reinos tributarios. Al año siguiente aseguró la costa meridional de Anatolia, depuso a un inofensivo Antíoco XIII, y convirtió Siria (que se extendía hasta el Eufrates) en una nueva y estratégica provincia romana, con Antioquía como la capital romana de Oriente. Desde ahí puso rumbo al sur, hacia Judea, donde se encontró con la disputa entre Hircanio y Aristóbulo.

A su llegada, Pompeyo se posicionó a favor del legítimo heredero, Hircanio, y tras llegar a Jerusalén, en 63 a. C., lo restituyó en su lugar a cambio de que renunciara al trono y de que convirtiera su reino en un protectorado romano, obligado a pagar impuestos. De este modo, Hircanio perdió el título de rey y se quedó solamente como sumo sacerdote.

Si bien la ocupación romana de Pompeyo supuso la pérdida de su independencia y la sumisión

El *trilithon* de Baalbeck, los bloques de piedra más grandes del mundo

El impresionante conjunto cúltico de Baalbeck está formado por los fastuosos templos de Júpiter, Baco y Venus. Los tres se encontraban dentro de la gran ciudad de Baalbeck-Heliópolis, una de las más espectaculares de la Fenicia romana. Pero lo que realmente la hace única se encuentra en la plataforma construida para elevar el templo de Júpiter. Este edificio, un templo pseudo-díptero, de 88 × 43 m y con 10 columnas en la parte delantera y 19 en cada lateral (de una altura de 25 m), fue uno de los templos romanos más grandes jamás construidos. Pero más allá de eso, lo más destacado es el llamado *trilithon,* tres bloques de piedra colocados en la plataforma del templo, con unas dimensiones cada uno de 19 × 4 × 3 m y un peso de más de 1000 toneladas. Hoy en día se calcula que harían falta unos 40 000 hombres para poder mover cada bloque. Y aún hay más; en la cercana cantera de donde fueron extraídos quedan otros bloques aún mayores, de 21,7 m de largo, por 4,3 m de ancho y 5,3 m de alto, cuyo peso es de 1211 toneladas.

Son muchas las teorías propuestas para entender cómo fueron capaces los romanos de arrastrar y colocar esos bloques con una perfección tal que no cabe una hoja de papel entre ellos, pero a la vez son muy pocas las que arrojan alguna pro-

puesta mínimamente solvente para poder comprenderlo. Habremos de seguir esperando nuevas investigaciones y descubrimientos. Ø

tributaria a Roma, esto no sería lo peor que les pasaría a los judíos. En efecto, y al igual que había ocurrido con Antíoco IV, Pompeyo cometió un sacrilegio aún peor cuando no solo entró en la parte del templo de Jerusalén reservada exclusivamente para los judíos (bajo pena de muerte para todo aquel que no lo fuera), sino que incluso llegó a entrar en el Santa Sanctórum, el espacio más sagrado de todos y reservado exclusivamente para el sumo sacerdote.

En los años siguientes, y bajo los gobiernos de Marco Antonio, Casio y Augusto, se produjo el rápido ascenso político de Herodes quien, gracias a sus frías y calculadas acciones siempre a favor de los romanos, y sabiéndose adaptar en todo momento a los constantes cambios que se estaban produciendo en Roma, pudo pasar de gobernador de Idumea a rey de los judíos (*Rex Socius et Amicus Populi Romani*, entre el 40-37 y el 4 a. C.), con lo que inauguró una nueva dinastía en Judea. Normalmente, los poderes de los reyes aliados a Roma estaban limitados, y del mismo modo que eran escogidos por los romanos, también podían ser depuestos en cualquier momento y según sus intereses, ya que para ellos no eran más que reyes-clientes que formaban parte del Imperio romano, igual que las demás provincias. Sin embargo, gracias a sus hábiles artes diplomáticas Herodes consiguió no solo mantenerse en el poder hasta su muerte, sino que también logró aumentar sus dominios con la incorporación de nuevos territorios como Traconitis, Gaulanitis, Batanaea, Perea y Banias.

Sin embargo, su buena relación con los romanos fue directamente proporcional a la enemistad del pueblo judío hacia él y sus aliados, los invasores romanos. No tan solo por pactar con el enemigo que había ocupado su territorio, sino también por los cada vez más elevados tributos que debían pagar, por el uso de mercenarios que se encargaban de atemorizar a cuantos pudieran ir en contra del régimen herodiano o romano, e incluso también por los orígenes medio judíos de Herodes, que lo incapacitaban para declararse como su rey. En efecto, Herodes era hijo de un idumeo (Idumea era un territorio situado al sur de Judea y del Mar Muerto) y de una nabatea procedente de Petra. La vinculación de Herodes con la monarquía asmonea se produjo con su segundo matrimonio con Mariamme, sobrina de Hircanio II, rey de Judea entre los años 63 y 43 a. C. La intención de Herodes con estas nuevas nupcias era clara: ya que no pertenecía a la familia real judía, debía vincularse a ella de alguna manera. Su carrera diplomática y su ideología pro-romana le habían permitido acercarse a la élite judía, hasta que al final logró formar parte de la monarquía y luego convertirse en rey.

Durante los primeros años de su reinado, Herodes llevó a cabo una gran cantidad de medidas para fortalecer su posición en una corte aún muy vinculada a la antigua monarquía. Para lograrlo hizo que los cargos políticos y religiosos más importantes estuvieran en manos de sus seguidores, más que en las de la aristocracia tradicional, a la que se encargó de controlar mediante el asesinato de 45 de sus miembros y la confiscación de sus propiedades. También asesinó a su cuñado y sumo sacerdote Aristóbulo III, ya que su popularidad entre la población le ponía en peligro; finalmente eliminó al depuesto monarca Hircanio II, reducto de la antigua monarquía, bajo la acusación de conspirar junto a los nabateos contra el poder romano. Para evitar una posible dualidad en el poder, prohibió que el cargo de sumo sacerdote fuera vitalicio, e hizo que a lo largo de sus 33 años de reinado el cargo pasara hasta por siete manos diferentes. Sus delirios y obsesiones para no perder el trono le llevaron a cometer un sinfín de actos atroces y asesinatos, tanto entre la población como entre su propia familia (mujeres, hijo e hijastros incluidos). Tras conseguir asegurar su posición en el trono entre los años 25 y 13 a. C., Herodes llevó a cabo su magna obra constructiva a lo largo de su reino, organizándolo a imagen y semejanza de las grandes ciudades grecorromanas. Así, además de promover una gran cantidad de obras públicas por todo el territorio (carreteras, acueductos, teatros o hipódromos, entre otras), fundó una nueva capital en Cesarea Marítima, reconstruyó la antigua capital de Samaría (a la que rebautizó como Sebasté), construyó los célebres y lujosos complejos de palacio-fortalezas en Masada, Jericó y Herodion y, sobre todo, reorganizó la ciudad de Jerusalén con la construcción de un magnífico palacio real, la fortaleza Antonia y el famoso y soberbio templo de Jerusalén o Segundo Templo. Para evidenciar su total lealtad a los romanos, en la entrada del templo mandó erigir la insignia del imperio, un águila imperial, lo que provocó de nuevo las iras de los judíos.

Tras más de treinta años en el poder y sabiendo que su muerte estaba cerca, dejó cerrada su sucesión nombrando a su hijo Arquelao para el cargo. Pero de nuevo aparecieron las disputas cuando otro hijo suyo, Herodes Antipas, reclamó el trono por ser mayor que Arquelao. La situación de Judea como reino-cliente de Roma hacía que este tipo de conflictos hubieran de ser dirimidos por el emperador. Así pues, Augusto recibió en Roma a los dos pretendientes, pero no solo a ellos, sino también a una delegación del pueblo judío que le propuso que no aceptara a ninguno de los dos (el recuerdo de la tiranía de su padre no les hacía prever nada bueno si alguno de los hijos de Herodes ascendía al trono), sino que permitiera que los judíos

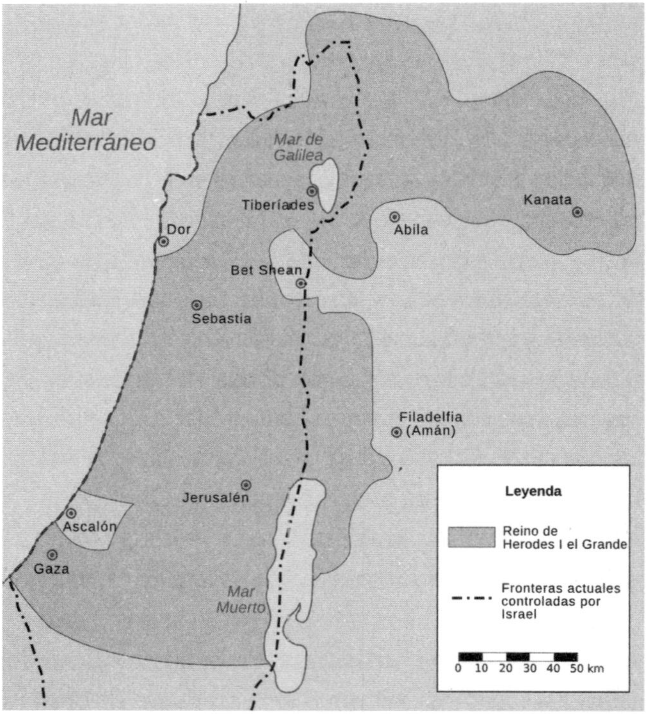

Mar
Mediterráneo

Mar de
Galilea

Tiberíades

Kanata

Dor

Abila

Bet Shean

Sebastia

Filadelfia
(Amán)

Jerusalén

Leyenda

Ascalón

Reino de
Herodes I el Grande

Gaza

Fronteras actuales
controladas por
Israel

Mar
Muerto

0 10 20 30 40 50 km

Extensión del
reino de Herodes I
el Grande.
A la derecha,
maqueta del
templo que mandó
construir.

se gobernaran a sí mismos según sus leyes y costumbres, aunque bajo la autoridad romana.

Mientras esto ocurría en Roma, en Judea diferentes territorios (como Jerusalén o Galilea) aprovecharon este momentáneo vacío de poder para alzarse contra la ocupación romana. Esta insurrección fue frenada por Varo, el legado romano en Siria, quien se presentó con su legión y, a modo de castigo para las demás ciudades, arrasó Séforis, vendió a su población como esclavos y crucificó a miles de rebeldes. Tras esta situación, Augusto decidió dividir el antiguo reino de Herodes entre tres de sus hijos: concedió a Arquelao el control de Judea, Samaría e Idumea, pero perdió parte del reino de su padre (como la zona costera de Gaza, que pasó a integrarse en la provincia romana de Siria); a Herodes Antipas le otorgó Galilea y Perea, además del título de Tetrarca; y a Filipo, otro hijo de Herodes, le concedió el control de Batanaea, Auranitis, Traconitis y Banias, así como también el título de Tetrarca. Judea pasaba a ser una provincia romana, aunque administrada por judíos.

De estos tres, el gobierno de Arquelao fue el más efímero, pues el año 6 d. C. una delegación de judíos y samaritanos se presentó ante Augusto para pedirle que lo expulsara. Augusto no lo dudó y obligó a Arquelao a exiliarse a Gaulantis; sus dominios pasaron entonces a ser dirigidos por la propia administración romana,

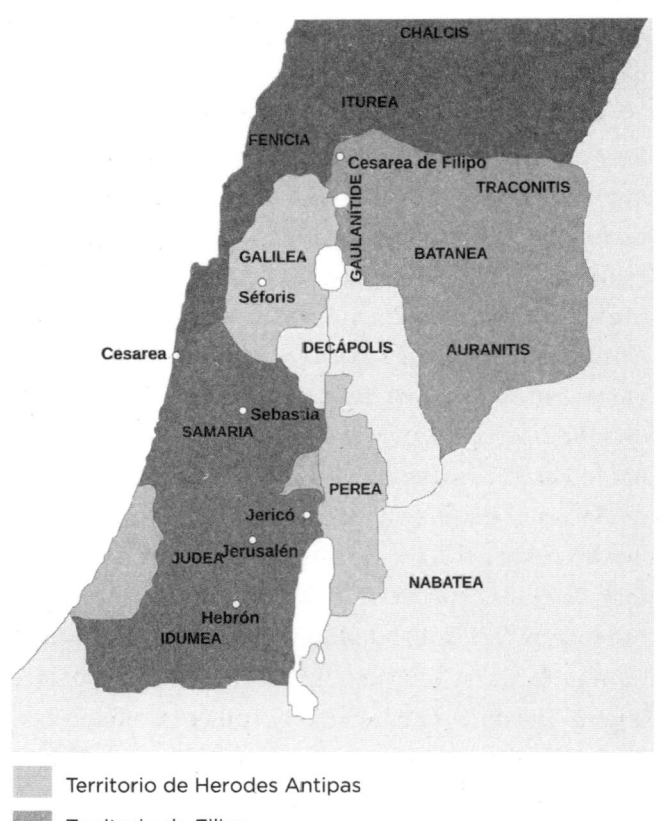

Territorio de Herodes Antipas

Territorio de Filipo

Territorio de Arquelao

División del reino de Herodes entre sus tres hijos.

pero los otros territorios seguían en manos judías. Por su parte, Filipo reinó hasta el año 33-34 d. C. y en las fuentes se le recuerda como un monarca justo y pacífico, aunque también como un fiel aliado de Roma y de su emperador. En cuanto al reinado de Herodes Antipas, las cosas fueron bastante diferentes. A pesar de que llevó a cabo importantes obras públicas, como la fundación de la ciudad de Tiberias, que convirtió en capital de su Tetrarquía, o la reconstrucción de la arrasada Séforis, este rey heredó algo más que el nombre de su padre, también su astucia y crueldad. De acuerdo con la política internacional del momento de matrimonios dinásticos, su proximidad al reino nabateo, dirigido por Aretas IV (8 a. C.-40 d. C.), hizo que se casara con la hija de este para así contar con un poderoso aliado en el sur. Pero durante un viaje a Roma, Herodes Antipas se enamoró de Herodías, la esposa de su hermanastro. Herodías, también muy ambiciosa, decidió casarse con él. Herodes Antipas tuvo que divorciarse entonces de la princesa nabatea, lo que provocó un importante incidente internacional. Pero Herodes Antipas no solo tenía que preocuparse de las represalias de su suegro nabateo, ya que esta acción era contraria a la ley judía, sino que también le valió una dura campaña de desprestigio por parte de Juan Bautista (profeta judío que criticaba la actitud y vida romana y la de los judíos colaboracionistas, contraria a las doctrinas de Jesús), que acabó prisionero en la fortaleza de Maqueronte (Jordania). Poco después fue decapitado por orden de Salomé, la hija de Herodías, quien realizó su famoso baile ante Herodes Antipas.

A nivel administrativo, tras la expulsión de Arquelao, Judea quedó bajo la autoridad de un romano llamado Coponius, que ejerció el cargo de administrador entre los años 6 y 9 d. C. En aquel momento, sin embargo, la presencia romana era meramente testimonial, ya que gracias a la colaboración de la clase dirigente de los judíos pro-romanos solo eran necesarias unas cuantas fuerzas auxiliares desplazadas al lugar para mantener el orden y controlar este territorio. Roma aseguraba así el control de Judea, y con él daba un paso más hacia el control de las rutas comerciales de Oriente. Al pertenecer Coponius a la orden ecuestre (Procurador, según las fuentes griegas), su autoridad estaba supeditada al todopoderoso legado de Siria (un gobernador senatorial de rango consular), bajo cuyo mando se encontraban las legiones, verdadero poder del ejército romano. Diferente fue el caso de Poncio Pilato, que según una inscripción hallada en Cesarea era Prefecto. La diferencia es que el título de Prefecto subrayaba el carácter militar del puesto, mientras que el de Procurador estaba relacionado con la administración de la propiedad.

La transformación de Judea en provincia romana también se dejó sentir en el ámbito religioso, puesto que, al carecer de rey, el sumo sacerdote era la máxima autoridad religiosa, cuyo nombramiento venía dado por el mismo emperador a través del Prefecto. Los romanos también mantuvieron la costumbre impuesta por Herodes de abolir el título de sumo sacerdote vitalicio y dejar que el cargo fuera temporal; si bien en época de Quirinio se colocó como sumo sacerdote a Ananus, cuya familia ostentó durante unos sesenta años el cargo. Por si fuera poco, el sumo sacerdote también ostentaba el cargo de Jefe del Gran Sanedrín, máxima representación política de los judíos desde la desaparición del último rey e interlocutor del pueblo judío ante los romanos. Este órgano estaba integrado por 71 miembros: el sumo sacerdote, que actuaba como presidente, un vicepresidente y tres cámaras de 23 miembros escogidos entre la nobleza sacerdotal, los ancianos de las familias más importantes y los doctores de la ley. Su sede estaba en Jerusalén y se ocupaba de la administración de justicia según las directrices de la Torá (ley judía), de la dirección política del país y de la religión, de modo que ejercía el poder legislativo, judicial y el ejecutivo, si bien estos poderes quedaron muy reducidos tras la ocupación romana.

Entre las funciones más importantes del Prefecto estaba la realización de un censo, de forma periódica, a fin de poder organizar la recogida de impuestos, lo que lógicamente no era del agrado de la población. La recaudación de impuestos provocó no pocos alzamientos y también el surgimiento de un sentimiento nacionalista muy potente (no solo anti-romano, sino también en contra de los judíos colaboracionistas), y que pervivió hasta incluso después de la toma de Jerusalén por Tito, en el año 70 d. C. Uno de estos censos es el que se menciona en el evangelio de Lucas, ordenado por el legado romano en Siria, Quirino, y realizado en el año 6 d. C., en el que se menciona el traslado de la Sagrada Familia de Nazaret a Belén. En general, sin embargo, el Prefecto intentaba no actuar de forma demasiado dura en la vida de la provincia, excepto en casos de importantes desórdenes públicos. Por su parte, el Sanedrín y el sumo sacerdote podían ejercer sus funciones libremente (el Sanedrín incluso podía dictar sentencias de muerte bajo la autoridad romana).

La llegada al poder de Calígula (r. 37-41) no mejoró las relaciones con los judíos, y no solo eso: la intención del emperador en el año 40 de colocar una estatua suya en el interior del Templo de Jerusalén se consideró un acto sumamente abominable, que hubiera provocado un alzamiento sin precedentes. Por fortuna, la muerte del emperador y el abandono del proyecto restituyeron momentáneamente la tranquilidad en Judea. Bajo el dominio de Calígula, la gran amistad de Herodes I Agripa (nieto de Herodes el Grande) con el emperador dio lugar a que le otorgara el control de los dominios del Tetrarca Filipo (Idumea) más una pequeña porción del Anti-Líbano, y el título de rey. Con estos poderes y la alianza con Calígula, logró hacerse con el control de los territorios de Galilea y Perea y, por tanto, incrementar los dominios de su nuevo reino. A la muerte del emperador, Herodes I Agripa regresó a Roma para ayudar a Claudio a ascender al trono. Esto le valió el agradecimiento del nuevo emperador y la cesión de nuevos territorios: Judea y Samaría, lo que convirtió a Herodes I Agripa en dueño del mismo territorio que había poseído su abuelo.

Para los judíos, Herodes I Agripa era un nuevo rey judío pro-romano que les haría sufrir nuevas opresiones. Pero nada más lejos; el nuevo monarca se mostró como un rey piadoso que participaba en las festividades, observaba la ley y residía a menudo en Jerusalén, por lo que terminó agradando tanto a su pueblo como a los fariseos. Herodes I Agripa murió en el año 44, y aunque algunos de los últimos actos de su reinado fueran contra los intereses romanos, lo que puso en peligro la institución de la monarquía en Judea, desde Roma se prefirió mantener a un rey judío, porque creían que un territorio tan complicado como aquel desde el punto de vista social, religioso y político, sería más fácil de controlar con un rey local supeditado a su poder que con un gobernador romano impuesto. Aun así, su sucesor, Herodes II Agripa, contaba solo con 17 años, razón por la cual el control del territorio pasó a manos de procuradores romanos y el nuevo rey fue enviado a Roma para recibir una correcta educación pro-romana.

Durante los siguientes veinte años los problemas en Judea fueron cada vez mayores, tanto por los conflictos entre los judíos y los romanos como entre los judíos y los samaritanos. Pero lo peor fueron los abusos de los procuradores romanos, que se mostraban tiránicos, corruptos y solo buscaban su propio beneficio. Esta situación provocó alzamientos y rebeliones de forma constante, con las consiguientes represalias en forma de crucifixiones masivas, saqueos y caos en las ciudades, con una sociedad judía cada vez más empobrecida.

La situación en la provincia era insostenible y la posibilidad de una gran rebelión en contra de los abusos de los romanos era cada vez más plausible. De acuerdo con el historiador Flavio Josefo, el último procurador romano, Gesio Floro, tuvo tanto miedo de que debido a sus actos tiránicos y de pillaje contra los judíos tuviera que ir a Roma a dar explicaciones ante el emperador, que decidió presionar aún más a la población judía para provocar un alzamiento que difuminara sus acciones. Pero la cosa se le fue de las manos. Desde un punto de vista social y económico, los judíos ya habían alcanzado su límite. Los constantes abusos y humillaciones habían colmado su paciencia y habían hecho estallar un clima de extrema violencia por todas partes.

Por otro lado, desde un punto de vista religioso, la larga ocupación del territorio, no ya por los romanos, sino desde los tiempos de Nabucodonosor II, había hecho surgir un movimiento apocalíptico y mesiánico en el que se esperaba la llegada de un mesías que los liberara de la opresión y les hiciera entrar en una nueva época. Todo ello provocó un clima de oposición generalizada hacia el gobierno imperial, en el que incluso los más moderados daban apoyo a una rebelión contra la ocupación romana. Judea era un polvorín a punto de estallar; solo faltaba una pequeña chispa que prendiera la mecha y que llegó con dos actos cometidos por Gesio Floro: el arresto injustificado de nobles judíos en Cesarea y la apropiación de diecisiete talentos de metales preciosos (510 kg) del tesoro del Templo, aduciendo que eran para el emperador, cuando en realidad eran para él. Lo cierto es que Floro fue uno de los procuradores más nefastos, ya que constantemente abusaba de sus poderes sin ningún disimulo. Esto provocó la indignación de los judíos que, a modo de burla, salieron a la calle con cestas pidiendo una limosna para el «pobre» Floro. Este escarnio indignó al procurador, que ordenó desplazar sus tropas de Cesarea a Jerusalén. Una vez allí, sus soldados arrasaron la ciudad y mataron a muchas personas, incluso de la nobleza. El odio hacia los romanos se hizo ya incontrolable y los alzamientos se producían en todas partes. Herodes II Agripa intentó calmar los ánimos y pacificar la situación, pero tuvo que huir de la ciudad cuando una turba de gente lo quiso lapidar. Tras su huida, Eleazar, el hijo del sumo sacerdote Ananías, convenció a los sacerdotes del Templo para dejar de ofrecer sacrificios en honor del emperador y de los romanos, lo que era un evidente signo de rebelión. Algunos miembros de la alta aristocracia y del Sanedrín pidieron la protección de las tropas a Herodes II Agripa y al aún procurador Gesio Floro, pero estas se mostraron absolutamente desbordadas e incapaces de frenar la rebelión. Incluso el palacio de Herodes II Agripa fue saqueado e incendiado y varios de los nobles judíos pro-romanos fueron ejecutados. En este ambiente de violencia, un grupo de terroristas pro-judíos llamados zelotes, encabezados por Eleazar Ben Simón, tomaron la iniciativa y lideraron la rebelión. Eleazar era miembro de una noble familia sacerdotal de Galilea, la zona de los zelotes por excelencia.

El conflicto se expandió rápidamente dentro del territorio en manos del procurador romano e incluso más allá, con el resultado de miles de muertos. Uno de los episodios más graves fue el acontecido en Cesarea, que se saldó con la muerte de diez mil judíos. Ante este caos y viendo la inoperancia de las tropas auxiliares romanas que se encontraban en el terreno, el legado romano en Siria, Cesio Galo, decidió en el año 66 enviar a toda una legión (la XII Fulminata), más algunos destacamentos de legionarios, tropas auxiliares y fuerzas reales. Pero aun así no solo no tomó Jerusalén, sino que los romanos sufrieron una de sus mayores derrotas, en la que murieron seis mil soldados, masacrados en el estrecho desfiladero de Bet Horon. Tras la humillante derrota romana muchas poblaciones judías se sumaron a la rebelión, Galo huyó à Anatolia y en Roma se dieron cuenta de que la situación era mucho más grave de lo que imaginaban. El emperador Nerón envió entonces a su general (y futuro emperador) Vespasiano a pacificar la zona. En aquel momento la rebelión estaba dirigida por el sumo sacerdote Ananías el Saduceo, quien organizó la resistencia colocando a jefes militares para controlar cada región, como Flavio Josefo, más tarde historiador y narrador de los hechos, que estuvo a cargo de la defensa de Galilea.

Aprendida la lección de Galo, Vespasiano no cometería el mismo error de menospreciar la rebelión judía y se presentó con una fuerza de sesenta mil efectivos. Tras llegar a la zona y conseguir unas rápidas victorias en diferentes ciudades judías, Vespasiano también tomó el monte Gerizim, cerca de Siquem, en el que los samaritanos se habían hecho fuertes y habían aprovechado para presentar su declaración de independencia.

Mientras, en Jerusalén, surgieron importantes diferencias entre los dos grupos judíos de mayor importancia: los radicales zelotes de Eleazar Ben Simón y los judíos más conservadores de Ananías. Estas diferencias acabaron en una abierta guerra civil entre ambos. Esta crisis interna, y la consiguiente debilidad judía, permitió a Vespasiano hacerse con el control de parte del territorio judío, como Perea, Samaría, la región de la costa y Jericó, así como de las afueras de Jerusalén. Solo le quedaba por conquistar esta ciudad y las aisladas fortalezas de Herodion, Masada y Maqueronte.

De nuevo, Jerusalén se encontraba dividida en dos facciones: la de los zelotes dirigidos ahora por Juan (hijo de Levi) y la de los partidarios de un tal Simón ben Giora, natural de Gerasa, que contaba con el apoyo de los idumeos. Mientras ambos se disputaban el poder y el control del templo, en la primavera del año 70 vieron aparecer un gran ejército romano al otro lado de la muralla, dirigido por Tito, hijo de Vespasiano (ahora ya emperador), a quien había dejado

Relieve del Arco de Tito, en Roma, en el que se representa a los soldados romanos portando los tesoros expoliados en el templo de Jerusalén, entre los que destaca la Menorá.

el encargo de acabar con la rebelión de una vez por todas. Las tropas sumaban más de sesenta mil hombres, frente a los 23 400 judíos de los que nos habla Josefo. Tras cinco meses de asedio, las tropas romanas atacaron finalmente la muralla por su lado noroeste y en pocos días lograron penetrar en la ciudad, la arrasaron e incendiaron el segundo Templo el 9-10 de Av (julio-agosto) el mismo día en que, según las fuentes, fue destruido el primer Templo en tiempos de Nabucodonosor II. Los dos líderes judíos (Simón y Juan) fueron capturados y hechos prisioneros, mientras que otros muchos prefirieron suicidarse. La Gran Rebelión se saldó (según Flavio Josefo) con un total de

100 000 judíos muertos y 97 000 prisioneros, muchos de los cuales morirían a manos de los gladiadores o de los animales salvajes en los espectáculos del anfiteatro de Roma o de otras poblaciones, o fueron llevados como esclavos a las minas del Sinaí.

La victoria de Roma fue total. No solo saquearon el templo llevándose consigo grandes cantidades de riquezas, sino que también se llevaron los objetos sagrados, igual que habían hecho las tropas de Nabucodonosor II seiscientos años atrás, más una selecta representación de importantes prisioneros de la nobleza, encabezados por su líder Simón, y a los que hicieron desfilar por las calles de Roma como máxima humillación. Para recordar este gran triunfo Tito mandó erigir su famoso Arco del Triunfo en el Foro de Roma.

Sin embargo, tras la caída de Jerusalén aún quedaban algunas bolsas de rebelión aisladas en fortalezas como el Herodion, Maqueronte o Masada, de las cuales la más famosa fue la toma de la última. En efecto, tras meses de asedio y justo antes de que los soldados romanos entrasen en ella (en el año 74), los rebeldes allí refugiados, pertenecientes a la secta de los *sicarii* (cuyo nombre procedía del arma que utilizaban, la daga o sica; de donde procede la palabra actual *sicario*), prefirieron suicidarse antes que caer en manos enemigas.

Las consecuencias para el mundo judío tras la conquista de Tito se hicieron notar en todos los ámbitos. Desde el punto de vista político, el Sanedrín no volvió a formarse y la capital política del país, Cesarea, pasó a convertirse en una colonia romana llamada Flavia Augusta Caesariensis. Desde el punto de vista religioso, el Templo, centro de la vida religiosa y símbolo de la nación judía, yacía en ruinas y la práctica del sacrificio y las peregrinaciones cesó; muchos rabinos huyeron de Jerusalén y se asentaron en la ciudad de Jabneh (Jamnia), donde crearon una escuela de enseñanza de la Torá y la Ley Oral. Desde el punto de vista económico, el impuesto que los hombres judíos libres y los libertos de entre veinte y cincuenta años pagaban al Templo ahora iba a parar a las arcas romanas, y no solo estaban obligados ellos, sino también toda la población judía de cualquier sexo y edad (a excepción de las mujeres mayores de sesenta años), e incluso aquellos que poseían esclavos tenían que pagar también por ellos. Desde un punto de vista social, el amplio sectarismo judío existente hasta este momento desapareció, lo que permitió una mayor unidad de pensamiento alrededor de los consejos de los sabios rabinos de Jabneh. Administrativamente, se consideró apropiado cambiar el estatus militar de Judea, de modo que ahora pasó a residir en ella una legión entera, la X Legio Fretensis, lo que implicaba que su administrador había de ser un gobernador senatorial, un *legatus Augusti propraetore* de rango pretoriano, y no un prefecto de rango ecuestre o un procurador.

De este modo, el único atisbo de independencia que les quedaba a los judíos estaba encarnado por Herodes II Agripa, que siguió como rey de los mismos territorios que le habían otorgado Vespasiano y Nerón, hasta el momento de su muerte en el año 93 (o en el 100 como máximo); con él moría también el último rey judío de la historia.

Poco después, en los años 116 y 117 se produjeron los alzamientos judíos en Cirenaica (Egipto) y en Mesopotamia, que también tuvieron sus réplicas en Judea (demostrando que los ánimos aún no estaban lo suficientemente calmados), lo que provocó que en 117, y bajo el gobierno de Trajano, se estableciera una segunda legión en la Baja Galilea (la II Trajana) y que el gobernador de la provincia pasara a ser un *legatus* de rango consular, como correspondía a aquellos territorios que contaban con dos o más legiones. Pero eso no fue más que un aviso de lo que pasaría en el año 132, cuando se produjo una nueva rebelión judía de gran alcance.

La Rebelión de Bar Kokhba (132-136)

El estallido de esta nueva gran rebelión fue consecuencia de las medidas tomadas por el emperador

Adriano en contra de los derechos y las costumbres judías, motivadas por las sangrientas campañas de 116-117, y por el deseo de imponer la cultura grecorromana sobre la judía. Así, se prohibió la circuncisión (a pesar de la importancia que tenía para la religión judía), se ordenó la construcción de una colonia romana en Jerusalén (que a partir de entonces pasó a llamarse *Aelia Capitolina*) y, lo peor de todo, mandó construir un templo dedicado a Júpiter sobre las ruinas del Templo de Jerusalén.

En este caso, y a diferencia de la Gran Rebelión en la que hubo diferentes líderes, ahora todo se concentró en la figura de Simón Bar Kosiba, más conocido como Simón Bar Kokhba. La similitud fonética entre Kosiba y Kokhba hizo que tomara este último nombre, que significa 'hijo de la estrella', ya que tenía unos ecos mesiánicos y él mismo se había autoproclamado como Mesías; y no solo eso, fue reconocido como tal por determinados rabinos de gran autoridad. Gracias al hallazgo de unas cartas escritas por el mismo Simón Bar Kokhba y otros documentos, podemos conocer su carácter meticuloso, severo, disciplinado y duro incluso con sus propios hombres. Las monedas acuñadas por los judíos durante la rebelión mostraban por un lado la efigie de Simón Bar Kokhba como «príncipe de Israel» y por el otro imágenes del Templo, el Arca de la Alianza o algún otro símbolo

del ritualismo judío, en una clara muestra de sus rei-
vindicaciones: recuperar la independencia política y
restaurar su religión.

Sabedor de que el número y la fuerza romana
eran mucho mayores que las fuerzas rebeldes judías,
Bar Kokhba decidió sabiamente no atacar en campo
abierto o en grandes espacios, sino practicar una rebelión basada en la táctica de guerrillas, mucho más
difíciles de someter para los romanos. De hecho, el
gobernador romano Tineo Rufo se vio tan sorprendi-
do por estas tácticas judías que tuvo que pedir refuer-
zos a las tropas auxiliares que se encontraban en la
provincia para que fueran a ayudar a las legiones, ine-
ficaces ante ese tipo de operaciones. De este modo,
en los dos primeros años de la rebelión Tineo Rufo logró infligir importantes derrotas a los rebeldes, pero
no consiguió someterlos, razón por la cual en el año
134 tomó el relevo de gobernador Sexto Julio Severo.
La prolongación de la rebelión y las importantes ba-
jas romanas hicieron tomar la decisión de trasladar a
Judea al que, hasta el momento, era el gobernador de
Britania y uno de los mejores generales del imperio,
con la intención de poner punto y final a la insurrección. Y así fue. Mediante la estrategia de aislar grupos
de rebeldes de forma individual, privándolos de sumi-
nistros y exterminándolos, se logró reducir el número de enemigos de forma considerable. El momento

Restos de la fortaleza de Bethther (a 10 km al suroeste de Jerusalén), donde Simón Bar Kokhba y los rebeldes hallaron su último refugio antes de la derrota.

final de la rebelión llegó con la toma de la fortaleza de Bethther (a 10 km al suroeste de Jerusalén), donde Simón Bar Kokhba y los rebeldes supervivientes se habían refugiado. Tras un duro asedio, los sitiados se entregaron y la rebelión fue totalmente aplastada (en los meses siguientes fueron eliminadas el resto de pequeñas bolsas de insurgentes). Aun así, y durante los cuatro años que duró esta segunda rebelión, los romanos llegaron a perder miles de hombres o incluso el equivalente a una legión entera; y no solo eso, sino que la rebelión también se extendió a otras zonas como Siria y Arabia, tal y como demuestran los honores recibidos tanto por Severo como por los gobernadores de estas dos provincias.

En el caso de los judíos, las consecuencias de esta rebelión fueron iguales e incluso peores que las de la primera: más de medio millón murió en el campo de batalla, sin contar aquellos que murieron por inanición, enfermedad o por el fuego en los asedios; miles de aldeas y pueblos fueron destruidos, la tierra de Judea alrededor de Jerusalén quedó despoblada y los judíos se convirtieron en una minoría en el sur del país y en la costa. Solo sobrevivieron pequeñas comunidades en lugares como Jericó, Hebón, Lydda (Lod) y otras zonas de Perea y del valle de Sharon, lo que provocó que el centro de gravedad de la comunidad judía se trasladara más al norte, a Galilea. También los samaritanos fueron perseguidos y, por lo que se aprecia en algunas monedas de Neápolis (Siquem), en el monte Gerizim se erigió un templo a Zeus.

La última acción que se llevó a cabo tras la rebelión fue el cambio de nombre de la provincia que ordenó Adriano: a partir del año 136 dejó de llamarse Judea para pasar a ser la provincia romana de Siria-Palestina, con la intención de eliminar cualquier resto de conexión entre los judíos y su tierra, incluso a través del nombre. Pero Adriano incluso fue más allá en su deseo de eliminar cualquier rastro del judaismo y de sus prácticas: el Templo que ya había sido profanado con la construcción de uno nuevo dedicado a Zeus, ahora se consagró a Júpiter Capitolino; además, a las prohibiciones sobre el culto y rituales que ya había promulgado, le sumó la prohibición tanto de la práctica del *shabhat*, como de la ordenación de rabinos y del estudio de la Ley; también vetó la entrada de cualquier judío a Jerusalén (Aelia Capitolina), bajo pena de muerte, excepto el día del aniversario de la destrucción del templo, en el que podían venir a lamentarse exactamente igual que aún hacen hoy en día.

De este modo, con la ocupación romana se ponía fin a una larga historia de más de tres mil años de luchas y diplomacia entre cananeos, fenicios, asirios, babilonios, persas y griegos, todos ellos con un mismo objetivo: el control de Canaán, una tierra que manaba leche y miel.

Cultura y sociedad

Una de las más grandes contribuciones a la humanidad de las culturas cananeas y fenicias fue la invención del alfabeto. La simplificación que supuso respecto a los sistemas ya existentes no solo permitió agilizar los trabajos administrativos y comerciales que se venían desarrollando, sino que, sobre todo, logró llegar a un sector de usuarios más amplio y diverso. La adopción del alfabeto fenicio por parte de los griegos en el siglo VIII a. C. permitió su expansión por todo el continente europeo, hasta llegar a estas mismas líneas.

El nacimiento y la evolución del alfabeto: del ugarítico al griego

En el mundo cananeo se hablaban idiomas que pertenecían a la familia de las lenguas semíticas (documentadas en Oriente desde mediados del III milenio a. C.), y más concretamente a su rama occidental, a la que corresponden las lenguas del Próximo

Ahiram y el primer texto fenicio

En el Museo Arqueológico Nacional de Beirut se conserva el sarcófago de Ahiram, el rey de Biblos (*c.* 1000 a. C.). Fue hallado en la necrópolis real de esta ciudad, al fondo de una cámara funeraria a la que se accedía por un pozo vertical, junto con otros dos sarcófagos más. El de Ahiram es de piedra caliza, decorado en todos sus lados por unos relieves en los que aparecía el rey difunto y, ante él, su sucesor haciendo los últimos ritos funerarios, acompañado de una procesión de personajes y plañideras. El sarcófago estaba rematado en sus cuatro esquinas inferiores por grandes figuras de leones agazapados, mientras que en la cubierta aparecen dos personajes esculpidos en relieve, seguramente el dios y el rey. Pero aún hay otro elemento en el

Oriente (las orientales son las de Mesopotamia, y las meridionales, las de la Península Arábiga). Sin embargo, no tenían una escritura propia, sino que durante el III milenio a. C. utilizaban las complicadas escrituras egipcias y la cuneiforme babilónica. A lo largo del II milenio a. C. se documentaron diferentes intentos de crear una escritura propia, y no solo eso, sino también más simplificada que la jeroglífica o la cuneiforme, que requerían de varios cientos de signos como sarcófago que apenas se intuye y que si no se sabe que está puede pasar desapercibido, a pesar de ser lo más importante de todo: se trata del primer texto fenicio conocido, que dice lo siguiente: «Sarcófago que [Ittjobaal, hijo de Ahiram, rey de Gubal, hizo para Ahiram, su padre, cuando lo depositó en la Casa de la Eternidad. Y si un rey entre reyes o un gobernador entre gobernadores o un superintendente del ejército se alzara contra Biblos y desenterrara este sarcófago, que el cetro de su poder le sea arrebatado, que el trono de su reino sea abatido y que la paz huya de Biblos. Y en cuanto a él, si destruye esta inscripción, que el [...]». El texto nos ha llegado incompleto, pero gracias a esta maldición de hace tres mil años podemos conocer el origen de la escritura fenicia, una escritura de la que surgieron la mayoría de los alfabetos actuales. ⊘

mínimo. Uno de los primeros ejemplos fue la llamada escritura pseudojeroglífica de Biblos (siglos XVIII-XVII a. C.), un sistema formado por unos ciento veinte signos diferentes inspirados en los jeroglíficos egipcios y de formas muy sencillas. De esta forma de escritura tan solo se han hallado diez inscripciones, todas en Biblos, y seguramente de carácter votivo. Otro ejemplo fue el sistema protosinaítico de Serabit el-Khadim (Sinaí, siglo XIV a. C.), uno de los primeros sistemas alfabéticos conocidos, formado por unos 30 signos de origen egipcio, pero con pronunciación semítica. En este caso, el volumen de inscripciones era algo mayor, pero hacía igualmente referencia a ofrendas de objetos votivos vinculados al templo de la diosa Hathor, que se hallaba en la mina de turquesa de donde proceden las inscripciones. Ninguno de estos dos casos, ni de muchos otros, lograron tener éxito y fijarse como escritura, pero el paso final estaba por llegar.

En efecto, el primero que lo lograría sería el reino de Ugarit, en la costa siria. Se trataba de un reino cananeo basado en el comercio y que, como todos, tenía la necesidad de agilizar su economía. Ciertamente, unos sistemas de escritura tan complejos como los egipcios o el cuneiforme ralentizaban las transacciones, de ahí que buscaran la forma de simplificar al máximo este proceso, lo cual consiguieron con la reducción del número total de signos cuneiformes a solo unos treinta. De este modo dieron lugar a la aparición del primer sistema alfabético que alcanzó el éxito y se consolidó totalmente, tal y como demuestran las miles de tablillas halladas en el archivo del palacio real, que trataban de una gran variedad de temas.

Desde la aparición del alfabeto cuneiforme de Ugarit (siglo XIV a. C.) hasta la aparición del alfabeto fenicio (siglos XI-X a. C.) transcurrieron unas centurias en las que sin duda la evolución hacia la consolidación del alfabeto no se detuvo, como lo prueba la existencia de algunas inscripciones en Israel y Palestina con otros intentos fallidos de alfabeto, así como la reducción de signos que se dio entre ambas escrituras, pasando de los treinta signos ugaríticos a los veintidós fenicios, documentados por primera vez en la inscripción del sarcófago de Ahiram de Biblos (*c.* 1000 a. C.).

Mientras esto ocurría en el levante oriental, tanto en el mundo egeo de Creta como en la Grecia continental o en Chipre, la escritura que había existido hasta el momento (el lineal A y el lineal B) había desaparecido totalmente después de la destrucción de los palacios de Cnosos (1380 a. C.) y Pilos (1200 a. C.). Durante los siguientes 400 años el mundo griego regresó a la prehistoria, en una era que se conoce como la época oscura. Pero a partir del siglo VIII a. C., empezaron a aparecer nuevas inscripciones en lo que fue un primer y primitivo alfabeto griego, que fue exportado por los fenicios durante sus contactos comerciales con el mundo egeo y adoptado por estos en algún momento entre los años 1000 y 800 a. C. Aunque mantuvieron el orden de las letras de forma bastante fija, tuvieron que añadir otras nuevas al final: la $\Phi\varphi$ (phi), la $X\chi$ (psi) y la $\Psi\psi$ (ji) para poder pronunciar sus propios fonemas. La gran innovación del alfabeto griego consistió, no obstante, en incorporar plenamente al alfabeto las letras correspondientes a las vocales.

El alfabeto y la escritura calaron en todos los ámbitos de la vida, procuraron el desarrollo de la cultura, la literatura y, lo que no es menos importante, la alfabetización de sectores de la población mucho más amplios de lo que cabría esperar con otros sistemas de escritura más complejos. En efecto, la facilidad de aprendizaje acercó la escritura no solo a los escribas del palacio o a los sacerdotes del templo, también a mucha otra gente que veía en su aprendizaje una opción para acceder a nuevas oportunidades laborales o mejorar las que tenía. La dificultad del aprendizaje del sistema cuneiforme hacía que fueran pocos los que aprendieran a leer, escribir o a realizar sencillas operaciones aritméticas; en cambio, gracias al nuevo sistema, muchos campesinos, mercaderes o artistas que antes no sabían leer ni escribir podían aprender fácilmente este nuevo sistema alfabético, con lo que ganaban independencia y mejor control de sus producciones. Además, muchos textos literarios fueron dados a conocer entre el gran público.

La religión

Como en otros apartados de la historia y de la cultura cananea, nos faltan muchas fuentes para poder conocer en su totalidad el funcionamiento de su religión. Los documentos más importantes con los que contamos para el período cananeo del II milenio a. C. son los textos de Ugarit (siglo XIV-XIII a. C.), mientras que para el período fenicio del primer milenio a. C. la fuente más importante es la traducción griega de Filón de Biblos (*Historia de Fenicia*, siglo I-II d. C.) de la obra del fenicio Sancuniatón.

Por lo que respecta a los textos de Ugarit, ya hemos comentado que este reino cananeo fue uno de los más importantes del Mediterráneo oriental entre los siglos XV y XIII a. C. A pesar del incendio y destrucción de su palacio por parte de los Pueblos del Mar, su archivo quedó prácticamente intacto y es de aquí de donde nos ha llegado la mayoría del corpus de textos religiosos, tales como los ciclos divinos, las sagas y epopeyas y algunos textos de praxis ritual (conjuros, advocaciones, etcétera). La importancia de estos documentos es que, si bien son anteriores al mundo fenicio, no dejan de ser una fuente de influencia directa y preludian la mitología y la práctica ritual fenicia, aunque esta también tendrá características propias, independientes de las cananeas. Del mismo modo, la mayoría de los miembros del panteón ugarítico aparecen integrados en los distintos panteones de las ciudades fenicias, aunque lo hagan con atribuciones o funciones algo distintas.

Los últimos textos de Ugarit

Los archivos reales de Ugarit han conservado una serie de cartas que nos permiten acercarnos a los que fueron sus últimos días. Sería cerca del año 1186 a. C. cuando el Gran mayordomo de Alashiya (Chipre) le envió una carta a Hammurabi, último rey de Ugarit, en la que le advertía de la presencia de unos barcos enemigos: «Los veinte barcos que el enemigo había dejado con anterioridad en las zonas montañosas no estaban allí, sino que partieron de improviso y ahora no sabemos dónde buscarlos. Te escribo para informarte y tenerte sobre aviso». Una segunda carta fue enviada de nuevo desde Chipre a Ugarit respondiendo a otra previa de Hammurabi: «Así dice el rey (de Chipre) a Hammurabi, rey de Ugarit. Saludos, que los dioses te conserven con buena salud. Sobre lo que me has escrito de un enemigo en barcos ha sido divisado en el mar; ahora bien, incluso si fuese

Gracias a estos textos podemos conocer su cosmogonía y teogonia, su panteón y sus prácticas cúlticas. Para empezar, y al igual que en la mayoría de civilizaciones antiguas, este sistema de creencias se definió como un sistema politeísta que representaba la totalidad de los intereses y los deseos de la sociedad. El hecho de que estas sociedades no llegaran verdad que se han visto barcos enemigos, mantente firme. Porque, en ese caso, ¿qué pasa con tus tropas, tus carros, dónde están estacionados? ¿Se encuentran cerca y a tu disposición o no?». Pero la más dramática de todas fue la respuesta dada por Hammurabi: «Padre mío, los barcos enemigos ya están aquí, han prendido fuego a mis ciudades y han causado grave daño en mi país. Padre mío, ¿acaso no sabías que todas mis tropas estaban estacionadas en el país hitita y que todos mis barcos siguen estacionados en Licia? Así pues, el país está abandonado a su suerte […]. Considera esto, padre mío, hay siete barcos enemigos que han venido y han causado un gran daño. Ahora, si hay más barcos enemigos, házmelo saber para que pueda decidir qué hacer.» El rey de Chipre ya no pudo contestar, pues esta carta fue hallada en un horno a punto de ser cocida cuando los barcos enemigos llegaron y destruyeron la ciudad antes de que pudiera ser enviada. Ø

a convertirse en un reino homogéneo, dio como resultado un conjunto de panteones («la asamblea de los santos», «toda la familia de los hijos divinos» o «los dioses») con muchos elementos en común, pero también con muchas particularidades regionales. Esta diversidad de panteones hizo que muchas divinidades que eran comunes en diferentes ciudades

La historia del becerro de oro

Cuando Moisés fue a buscar las tablas de la ley a lo alto del Sinaí, dejó a su hermano Aarón al frente del pueblo judío. Ante la tardanza del regreso de Moisés, el pueblo se impacientó y volvió a cuestionar la idea de haber abandonado Egipto para adentrarse en el desierto a la búsqueda de una Tierra Prometida que nadie había visto y en nombre de un Dios de cuya existencia ya empezaban a dudar. Los judíos se rebelaron y le pidieron a Aarón (Ex. 32:1,5): «Anda, haznos dioses que nos guíen, porque no sabemos qué le ha pasado a este Moisés que nos sacó de Egipto». Entonces Aarón mandó recoger todo el oro y «fundió el oro y lo trabajó a cincel hasta darle la forma de un becerro. Entonces todos dijeron: ¡Israel, este es tu dios que te sacó de Egipto!».

Este pasaje del Éxodo es de suma importancia porque en él se recoge la tradición religiosa del pueblo hebreo, una tradición de claras raíces cananeas. En primer lugar, habla de «dioses», en plural, lo que evidencia una religión politeísta; y en segundo lugar, que el animal escogido como estatua divina sea «un becerro de oro» no es casual, puesto que este es el animal icónico del dios cananeo Baal. En efecto, los cananeos representaban a su gran dios El a partir de un toro (en semítico *tr*), una gran bestia pero ya mayor y poco activa; por otro lado, su hijo Baal tenía como animal icónico a un becerro (en semítico *'gl*), un animal joven, fuerte, potente y activo. Si volvemos al texto bíblico vere-

La adoración del becerro de oro (1634), de Nicolás Poussin, representa la celebración del pueblo que rinde homenaje al ídolo de oro, mientras Moisés desciende del monte Sinaí.

mos que la palabra utilizada para referirse al becerro es *'gl*, de manera que lo que realmente explica este episodio del becerro de oro es que los hebreos se fabricaron una estatua de Baal, en un claro acto de volver a sus creencias originales, que no eran otras que las de la religión cananea representada por Baal, El, Astarté y el resto del panteón. De ahí que incluso muchos siglos después, los profetas de Israel advirtieran a su pueblo que estaba prohibido rendir culto a baales y asherás, así como a cualquier representación de la anterior (y original) religión, la cananea. ⌀

Estela con la representación de Baal hallada en Ugarit datada hacia el siglo XIV a. C. Expuesta en el Museo del Louvre.

fueran personalizadas a través de lo que en un principio eran solo epítetos, pero que luego pasaron a formar personalidades divinas diferentes. Así ocurrió con Baal, del cual tenemos Baal Safón, Baal Malage, Baal del Líbano, Baal Hammón, Baal de Sidón, Baal Shamim, entre otros; o con Astarté: «Astarté del mar», «Astarté de la destrucción» o «Astarté del combate».

En lo referente a la cosmogonía cananea el dios demiurgo fue El, también conocido como Elion, padre de las divinidades. Su nombre significa literalmente 'dios' en las lenguas semíticas en general; procede del acadio *il-um* y coincide con el nombre de la divinidad suprema. El era el rey de los dioses, y se encargaba de presidir la asamblea divina y de distribuir la jerarquía. Vivía en su palacio ubicado en la «montaña santa» (localizada tanto en el monte Hermón como en el monte Carmelo), junto a la fuente de las aguas primordiales. Se acostumbraba a representarlo como un hombre sentado en un trono y con un toro como animal icónico. El dios El y su consorte, Ashera (Athirat, representada por un león), «La que crea o da a luz a los dioses» o «Señora Ashera del Mar», dieron lugar al resto de los dioses de Ugarit, entre los que se encuentran, principalmente, Baal y Anat. Baal ('señor', 'dueño') era inicialmente un dios de la vegetación, de la fertilidad (de ahí su representación como un becerro), un generador de lluvias y también el dios de las tempestades; a su vez era también un dios de la guerra, y por eso se acostumbraba a representarlo como un joven guerrero. Su residencia palacial se encontraba en el monte Safón. Por su parte, su hermana y a la vez pareja, Anat, era también una diosa guerrera, además de la diosa del amor y la mensajera de los dioses.

El panteón cananeo, pues, estaba formado por la pareja divina El-Ashera y sus hijos Baal y Anat; pero además de estos existían otros muchos dioses como Astarté, diosa de la fecundidad y el amor, pero también del derecho y la justicia, y protectora de los navegantes. Astarté también tuvo en un principio advocaciones guerreras y militares, a juzgar por epítetos como: «Astarté del combate», o «Astarté de la destrucción». Por esta misma razón en los textos de Ugarit fue asimilada muchas veces también con Anat, diosa igualmente bella y guerrera. Otra gran diosa de ámbito local fue Baalat Gubal, la Señora de Biblos y deidad principal de esta ciudad, a veces identificada con Astarté y Afrodita. También estaba Lotan, la serpiente marina o dragón de siete cabezas, la mascota de Yam o el *alter ego* de Yam, relacionado con el Leviatán bíblico; Shamaim, el dios del cielo o los cielos; Yarikh, dios de la luna. E incluso el propio Yahveh, el futuro dios israelita, era adorado no solo por los hebreos, sino también por los cananeos orientales.

En lo tocante a la práctica de la religión, los primeros lugares de culto cananeos eran simples altares de piedra o de ladrillo, por lo general ubicados en un lugar alto, así como los bosques sagrados. Por otra parte, los templos cananeos de la Edad de Bronce normalmente consistían en una habitación grande, junto a un porche y un patio. A menudo, fuera de la entrada del templo se encontraba un altar de piedra para los sacrificios, mientras que en el interior se podían encontrar altares de incienso, puestos de ofrendas de sacrificios, mesas para bebidas, estatuillas de bronce, numerosas estatuillas de diosas desnudas de arcilla o vasijas para aceite y vino.

Tras la destrucción de Ugarit ya no aparecen más textos que puedan hacer referencia a la religión cananea. En el mundo fenicio no parece existir un término para religión como lo entendemos nosotros, sino que hay una palabra *qodesh*, que representa el concepto de «sagrado» y todo lo que este campo semántico puede abarcar. Dentro de este *qodesh* se enmarcaría el panteón con todos los dioses, que representarían la totalidad de los intereses y de las necesidades de la humanidad.

El panteón fenicio se organizó más a nivel de ciudades-Estado que no tanto a nivel general. Así, por ejemplo, en la ciudad de Biblos, El, Baalat Gubal, Adonis y Reshef fueron los dioses más venerados. A El ya lo conocemos; era importante, pero no especialmente activo en la vida cotidiana de los fenicios. También hemos hablado de Baalat Gubal, una deidad femenina asociada con la tierra y la fertilidad, mencionada con frecuencia en inscripciones en las que los reyes la invocan para que su reinado fuera exitoso; los reyes de Biblos le dedicaron una gran cantidad de altares y monumentos construidos con metales preciosos.

En Sidón, por su parte, el dios más importante era Baal, jefe del panteón pero separado de la adoración cotidiana. Mucho más prominente fue Astarté, que tenía como sumos sacerdotes a los propios reyes de Sidón. Un tercer dios importante fue Eshmun, que no apareció hasta el siglo VII a. C. y que era el equivalente de Adonis. Eshmun fue un dios muy conocido y muy popular por su capacidad sanadora.

En lo que se refiere a Tiro, el dios más importante fue Melqart, que se menciona por primera vez en una estela del siglo IX a. C., aunque según Flavio Josefo ya existía un poco antes, pues el rey Hiram (siglo X a. C.) mandó construirle un templo sobre las ruinas de otros anteriores. Desde entonces no dejó de ganar importancia hasta convertirse no solo en fundador de la ciudad, sino en el rey y el protector de la misma, y el inventor de sus más preciados productos (la púrpura) e intereses (la colonización), como lo prueba la fundación de múltiples colonias dedicadas a su nombre por todo el Mediterráneo. Su importancia fue tan grande que no tardó en ser asimilado al Heracles griego y, como tal, fue considerado hijo de Zeus y Asteria. Melqart, además, asumió algunas de las características tanto de Adonis como de Eshmun, ya que fue el centro de un festival de resurrección cada año (en febrero-marzo).

En cuanto a la práctica de la religión fenicia, en la mayoría de casos los reyes y las reinas ostentaban el cargo de sumos sacerdotes de sus divinidades tutelares, se encargaban de los ritos principales y ejercían un papel activo en el culto de las ceremonias de especial importancia. Por debajo de ellos debió de existir una numerosa jerarquía de cargos sacerdotales menores (tanto masculinos como femeninos: peluquero del dios, despertador del dios, portero del dios, etcétera), encargados del culto diario. En cuanto al culto oficial, no se ha conservado ningún calendario litúrgico, por lo que solamente se pueden suponer algunos conceptos generales, como la existencia de un culto privado e individual y otro público y comunitario en el que, sin duda, una de las celebraciones más importantes sería la del año nuevo, vinculado a la llegada de la primavera y con muchos mitos relacionados con los «dioses que mueren y resucitan». Durante esta fiesta se realizaban representaciones teatralizadas y se llevaban a cado todo tipo de celebraciones y manifestaciones festivas que podían durar varios días: procesiones, cantos, bailes, sacrificios, ofrendas, etcétera. Además, evidentemente, cada divinidad debía tener su festividad concreta, siendo especialmente importantes las Adonías de Biblos y «el despertar de Melqart» de Tiro.

El culto era llevado a cabo en templos, santuarios, lugares sagrados (colinas, montañas, manantiales, ríos o bosques) o capillas privadas, en función de cada caso. Por tanto, existían templos urbanos construidos en las ciudades y santuarios naturales excavados en las montañas, dentro de grutas o en los llamados «lugares altos», es decir, en la cima de las montañas. Los templos eran la casa del dios, en la que vivía en forma de bétilo (una piedra labrada sin representación humana), mientras que en los santuarios naturales al dios se le representaba a través de una estela de piedra (*massebot* bíblico) y a la diosa como un árbol (*asherá* bíblica). Respecto a la celia, el mundo fenicio prefirió un gran patio abierto en el que se colocaba un pequeño trono con la representación anicónica de la divinidad y un altar enfrente para realizar las ofrendas.

Además de las festividades, existían dos prácticas vinculadas con la religión que merecen ser destacadas: la prostitución sagrada y el culto a los héroes. En cuanto a la primera, es necesario distinguir entre la hierogamia (la unión del rey y la reina o una sacerdotisa que asumen los papeles divinos para dar lugar al renacimiento del dios muerto y con él al inicio del año nuevo) y la propia prostitución ejercida por hombres y mujeres en los templos con el objetivo de aumentar la fecundidad de la tierra, las plantas, los animales y las personas de la ciudad en la que vivían. Evidentemente, esto no se hacía de forma gratuita, lo que suponía no pocos ingresos al templo (o a veces a compañías comerciales) en los que se ejercía esta práctica. En este sentido, en todo el mundo fenicio, los templos de Astarté, situados siempre cerca de la costa, en los puertos y en los lugares de más actividad comercial y, por tanto, económica, fueron especialmente importantes. Cuenta Heródoto que, tanto en Babilonia como en Chipre, todas las mujeres tenían que someterse al menos una vez en la vida a esta práctica; habían de entrar en el templo de Astarté y permanecer en él hasta que un extranjero (y solo un extranjero) solicitase sus favores y pagara al templo por sus servicios. La Biblia también menciona esta

práctica por parte de los profetas, quienes la critica-
ron y prohibieron la aceptación del dinero que provi-
niese de esos actos abominables y paganos.

La otra práctica es la que tiene relación con el culto a los héroes divinizados (*manes regios*) o miembros
de la dinastía reinante conocidos como *refaim*, y documentados especialmente en las sagas y epopeyas
heroicas ugaríticas como la de Kirta y Daniel, o la de
Elisa en Cartago. Se trata de figuras pseudohistóricas
a cuyo alrededor se organizan textos legendarios, al
estilo del Gilgamesh mesopotámico.

Finalmente, en relación al concepto de muerte y
más allá, los semitas (occidentales y orientales) en-
tienden el espíritu como un soplo de vida (*nefesh*),
como el aliento divino que les era entregado por los
dioses en el momento de nacer. Por otro lado, el alma
era un sinónimo de deseo o voluntad, es decir, la voluntad del espíritu. Evidentemente, entendían que
tras la muerte existía otra vida que, sin embargo,
desconocemos del todo, más allá del aspecto material que nos aportan las necrópolis halladas hasta el
momento. La gran variación entre estas necrópolis
no permite el establecimiento de un «enterramien-
to tipo» en el mundo cananeo-fenicio, ya que se han
hallado inhumaciones, cremaciones, enterramientos
en tumbas, en hipogeos, con sarcófagos de piedra o
madera, incluso sin sarcófagos. Eso sí, siempre con la

presencia de un ajuar y unos amuletos que, en mayor o menor medida y con más o menos lujo, constatan la creencia en una vida eterna para la que era necesario un cierto equipamiento en el que raramente faltaban huevos de avestruz, símbolo de la regeneración.

Tenemos conocimiento de la existencia de un dios de la muerte, el cananeo Mot que, aunque no recibía ningún culto, tenía reconocidos poderes. Una vez Mot había hecho su trabajo, si el cadáver iba a ser inhumado, primero había que prepararlo: en primer lugar se le realizaba una limpieza ritual, y después era amortajado y colocado en un sarcófago (en caso de ser un rey o un alto aristócrata, podía ser embalsamado), a poder ser de piedra. A continuación, el fallecido era acompañado en procesión hasta la tumba y se enterraba junto a su ajuar. Tras la desaparición del cuerpo, aquello que sobrevivía en el más allá se conocía como *refaim* ('dioses' o 'divinos'), pero no sabemos nada acerca de qué les ocurría una vez llegados al otro lado.

Pueblos emprendedores

Comercio y navegación, las bases de la economía

El levantino fue, inexorablemente, un mundo dependiente del Mediterráneo. La escasa dimensión de su territorio terrestre obligó a sus pueblos a tomar las naves desde el primer momento y a buscar productos de los que carecían y que utilizaron en la que fue su principal actividad: el comercio. Su objetivo eran los productos de lujo. Los mejores artesanos del mundo antiguo fabricaban hermosos diseños, que más tarde eran vendidos a los principales palacios. Para poder llevar a cabo esta actividad se convirtieron en los mejores navegantes de la Antigüedad, con proezas marítimas nunca realizadas antes, como alcanzar lugares tan lejanos como las Islas Británicas o circunnavegar África.

El comercio, la base de la economía

Dos de los elementos más determinantes en la vocación comercial, tanto de los cananeos como de los fenicios, fueron el determinismo geográfico y el contexto histórico. En cuanto al primero, la ubicación de las ciudades-Estado, encajadas en un pequeño espacio entre las montañas del Líbano al oeste y el mar Mediterráneo al este, sumado a la escasez de tierras de cultivo y de recursos metalúrgicos, les obligó a buscar (más allá de sus límites) la manera de conseguir aquellos productos de los que carecían. En lo que se refiere al contexto histórico, dependía de cada momento; así, durante la Edad del Bronce, el comercio de las ciudades cananeas (especialmente de Biblos) era de carácter estatal entre las casas reales de los grandes centros palaciales del momento, y consistía en el intercambio de dones de prestigio, realizados por mercaderes que dependían de los palacios, bajo la cobertura de un marco de relaciones diplomáticas; pero si el comercio se realizaba entre socios de diferente rango, el intercambio era ya considerado un tributo previamente establecido. Por otro lado, como cada palacio negociaba solo con sus vecinos más inmediatos, se estableció una red de comercio de carácter local que, en el caso de los centros cananeos, no superaba la esfera de la costa mediterránea oriental.

Esto hacía que no hubiera un acceso directo a los recursos principales, lo que propició la aparición de monopolios de diferentes productos: Egipto controlaba el oro; Chipre, el cobre; Biblos, las maderas, etcétera. Por otra parte, ya hemos visto que este tipo de comercio local entre uno o pocos clientes dependía en exceso de la estabilidad o prosperidad política de cada uno de ellos, de manera que, si uno entraba en crisis, el otro podía correr su misma suerte.

Pero las cosas cambiaron en la Edad del Hierro. En efecto, la situación de Oriente tras la llegada de los Pueblos del Mar y la ya conocida crisis del año 1200 a. C. (desaparición del Imperio hitita, declive político de Egipto, caída de los centros micénicos y su talasocracia, y destrucción de los principales estados cananeos) dio la oportunidad de construir un nuevo escenario para las relaciones comerciales. En primer lugar, la caída de los palacios propició un cambio en el comercio gracias a la aparición de una iniciativa privada (inexistente en el periodo anterior) cuyo objetivo era la obtención de beneficios, para lo que se precisaba la creación de una cada vez más amplia demanda de productos. Otra consecuencia de la caída de los palacios fue la práctica desaparición del intercambio de dones diplomáticos entre cortes de igual rango y de los tributos entre rangos diferentes, y también la eliminación de los monopolios de determinados productos ostentados por algunos estados. De este modo, por primera vez hubo la posibilidad de acceder directamente a todos aquellos recursos que habían sido monopolizados por unos pocos.

En resumen, los comerciantes que antes dependían del palacio y cuyo trabajo era procurar la obtención de productos carentes en el ámbito local mediante el arte de la diplomacia, ahora pasaron a convertirse en mercaderes autónomos con el único objetivo de enriquecerse y acabaron dando lugar a una nueva aristocracia de carácter comercial.

De esta manera y sin obstáculos a la vista, se inició un proceso de cambio que no se desarrolló de forma repentina, sino más bien lenta, ya que entre los siglos XII y X a. C. las condiciones aún serán más parecidas a las del comercio cananeo del Bronce que a las del comercio fenicio del Hierro. Así, en el relato del egipcio Unamón con Zakarbaal de Biblos (siglo XI a. C.), el tipo de comercio que se describe es aún de marcado carácter estatal. Más adelante, durante el reinado de Hiram, monarca de Tiro entre 970 y 936 a. C., las relaciones establecidas con el rey Salomón siguieron aún los parámetros estatales típicos del Bronce, con el intercambio de productos y especialistas para la construcción del templo de Jerusalén, pero también con la realización de expediciones conjuntas a tierras lejanas para la búsqueda y obtención directa, por primera vez, de las materias primas. Un ejemplo fue la expedición a Ofir (¿Etiopía, Sudán, Somalia, Yemen?) en busca de productos exóticos, como la madera de sándalo y las piedras preciosas, pero sobre todo el oro y la plata. Podemos apreciar, pues, que desde el siglo X a. C. Tiro ya era capaz de comerciar directamente con puntos muy lejanos de Oriente y de tener acceso directo a los importantes recursos auríferos y otros de gran valor, que históricamente habían estado monopolizados por Egipto. Todo ello provocó el enriquecimiento de Tiro bajo Hiram y el inicio de una gran expansión comercial bajo sus sucesores, que permitió que la ciudad se convirtiera durante trescientos años en la principal potencia naval y comercial del Mediterráneo Oriental.

El cambio del comercio público al privado se hizo más patente entre los siglos IX-VIII a. C., como consecuencia de la decisión de Tiro de aumentar la obtención de alimentos y materias primas (especialmente metales) para dar respuesta a una doble demanda: la de una presión demográfica mayor por un lado y, por otro, la de una solicitud también mayor de manufacturas entre sus clientes, elaboradas con las materias primas de las que carecían. Esta decisión implicaba una gran organización administrativa y la capacidad de gestión de personas y recursos superior a la que se venía realizando hasta entonces. Esto provocó un

Ibiza, ¿la isla del dios Bes?

Entre las muchas influencias culturales que los cananeos y fenicios tomaron de los egipcios, está también la adopción y culto a alguno de sus dioses. El primer caso fue la antigua asociación de Hathor con Balaat Gubal, la Señora de Biblos, o la de Osiris con Adonis, entre otras. La asimilación era algo común entre culturas y, si un dios extranjero podía ser equiparado a uno local, el resultado era beneficioso para ambas culturas, ya que por un lado las hermanaba y por otro ganaban otra divinidad para su panteón a la que poder recurrir en demanda de favores o auxilios.

Cuando los fenicios de Tiro llevaron a cabo su expansión colonial por el Mediterráneo necesitaban toda la protección posible, de modo que a los dioses propios les añadieron alguno más que les suministrara un plus de protección. Este fue el caso del dios

rápido crecimiento de la iniciativa comercial privada, que también debe relacionarse con el control de las fuentes de obtención de esas materias primas y con la búsqueda de otras nuevas, lo que llevó a la fundación de las primeras colonias comerciales tirias bajo el reinado de Ittobaal I (r. 888-856 a. C.), primero al norte de Siria y en Cilicia (golfo de Alejandreta), después en Chipre (Kition, 820 a. C.), norte de África

Bes, que en Egipto era el protector de las mujeres embarazadas contra las serpientes y, en general, una divinidad apotropaica. En muchos lugares del Mediterráneo se han encontrado templos dedicados a este dios. Además de por el culto a este dios, la isla balear de Ibiza está vinculada con la divinidad egipcia porque durante algún tiempo compartieron el mismo nombre. La forma catalana de Ibiza, Eivissa, deriva de la latina *Ebusia,* que a su vez deriva del nombre púnico con el que la bautizaron los cartagineses que la visitaron por primera vez en el siglo VII a. C., Iboshim, muy probablemente un nombre derivado del nombre de Bes.

Cabe aclarar que el hecho de que el dios Bes aparezca a menudo en escenas en las que se le ve tocando música y bailando, y se relacione con la alegría y la fiesta, es ya más una coincidencia con el carácter actual de la isla que no una remota influencia cultural. 🖉

(Cartago, 814 a. C.) y, finalmente, por el resto del Mediterráneo hasta la península Ibérica (Gadir, finales del siglo VIII a. C.). En cualquier caso, el auge de la iniciativa privada no implicó el abandono total del comercio estatal, que no dejó de existir del todo. Ambos tipos se complementaron mutuamente.

El inicio de la colonización fenicia coincidió en el tiempo con la expansión territorial asiria, que amenazaba con anexionar todo Oriente. En el caso de las ciudades fenicias, sin embargo, entre los reinados de Asurnasirpal II (r. 883-859 a. C.) y Adad-Nirari III (r. 810-783 a. C.) los reyes asirios no actuaron en contra del comercio que se llevaba a cabo (especialmente en Tiro), pues se beneficiaban de él a base de la imposición de tributos. Por tanto, no hicieron nada que pudiera alterar esa beneficiosa situación. De esta manera, Tiro y el resto de ciudades podían seguir con su actividad, ya que incluso tras el pago de esos tributos les seguía resultando positiva. Pero la llegada de Tiglatpileser III (r. 745-727 a. C.) cambió las cosas, ya que fue el primer rey que conquistó militarmente las ciudades fenicias, deportó a gran parte de su población y alteró de forma considerable la situación en la zona de Siria y el Levante. Ahora bien, la suerte de Tiro fue otra: al decidir someterse y pagar tributo no fue incorporada a la provincia asiria y pudo seguir ejerciendo su comercio marítimo; al menos hasta el empeoramiento de las relaciones con los siguientes reyes asirios, que acabó con la toma de Tiro en el año 701 a. C. por parte de Senaquerib y los ataques de Asurbanipal de 663 a. C.

A lo largo de toda la historia del comercio cananeo-fenicio ¿existieron en alguna ocasión las monedas? Sabemos que la primera acuñación metálica no se dio hasta el siglo VIII a. C. en tiempos del rey Giges de

Lidia, y por necesidades de carácter interno más que por razones de ámbito comercial. Además, el valor de la moneda quedaba limitado al ámbito local de su acuñación y, por lo tanto, no se podía garantizar su valor fuera de él. Esta fue, seguramente, la razón por la cual los fenicios no adoptaron el sistema monetario en sus actividades comerciales, ya que estas abarcaban unos horizontes mucho más amplios y de carácter internacional, en los que la moneda no les era útil para nada. Por esa razón siguieron comerciando con el sistema tradicional de la época del Bronce, basado en la circulación premonetaria, en la que el valor venía dado por un objeto metálico (copa de plata, cráteras de oro, trípodes de bronce, etcétera) con un peso específico que determinaba su valor (valor ponderal). Pero en otras ocasiones no era el valor ponderal lo que definía su valor, sino que este se medía por la equivalencia de uno de estos objetos respecto a otros; así, una crátera fenicia de plata equivalía a cien bueyes.

En lo que se refiere a la puesta en práctica del comercio, este dependía de quién fuera el interlocutor, pues si se trataba de centros urbanos desarrollados, como los próximo-orientales o los del Mediterráneo oriental, las relaciones se establecían de igual a igual, sobre unas bases de comercio ya conocidas y basadas en las relaciones diplomáticas. En cambio, si se trataba de centros preurbanos o de carácter tribal, el tipo de práctica comercial que se establecía era la basada en un primitivo trueque, tal y como comenta Heródoto (Libro IV, 196): «Otra historia nos refieren los cartagineses, que en la Libia, más allá de las columnas de Hércules, hay cierto paraje poblado de gente donde suelen ellos aportar y sacar a tierra sus géneros, y luego dejarlos en el mismo borde del mar, embarcarse de nuevo, y desde sus barcos dan con humo la señal de su arribo. Apenas lo ve la gente del país, cuando llegados a la ribera dejan al lado de los productos una cantidad de oro, apartándose otra vez tierra adentro. Luego, saltando a tierra los cartagineses hacia el oro, si les parece que el expuesto es el precio justo de sus mercaderías, alzándose con él se retiran y marchan; pero si no les parece bastante, embarcados otra vez se sientan en sus naves, lo cual visto por los naturales vuelven a añadir oro hasta tanto que con sus aumentos les llegan a contentar, pues sabido es que ni los unos tocan el oro hasta llegar al precio justo de sus cargas, ni los otros las tocan hasta que se les tome su oro». De esto se deduce que el comercio fenicio no se inspiraba en conquistas territoriales, como en el caso del cartaginés o romano, por ejemplo, sino que la única finalidad e intención era la búsqueda y obtención de materias primas, para su manufactura en los talleres de las ciudades fenicias y su venta posterior en el ámbito de las cortes próximo-orientales.

La industria y la explotación de los recursos

Hemos visto que el objetivo del comercio tanto cananeo como fenicio era la obtención de productos alimenticios, pero sobre todo conseguir materias primas de gran valor para elaborar con ellas objetos de prestigio que se utilizaban en los intercambios del más alto nivel. Para poder obtener esas valiosas materias primas (oro, plata, cobre o piedras preciosas) era necesario disponer de algún recurso propio con el que realizar el intercambio. Afortunadamente, también disponían de algunos productos de lujo con los que iniciar el ciclo del comercio: la madera, la púrpura, la pasta vítrea y la mano de obra especializada. Ya hemos comentado la importancia de las maderas en el mundo cananeo y fenicio, y no solo de cedro, sino también de otras importantes coníferas que se encontraban en los bosques libaneses, como el pino, los abetos, los robles o los cipreses. También hemos hecho mención de la costosa y paciente elaboración de la púrpura; pero los fenicios aún contaban con más productos de factura propia con los que comerciar, como la pasta vítrea. En efecto, a pesar de ser un descubrimiento egipcio, fueron los fenicios los que la produjeron y comercializaron a gran escala gracias a la fácil obtención de la materia prima (silicatos de calcio), que se encontraba en las propias playas

Humbaba, el protector del bosque de los cedros

En la famosa *Epopeya de Gilgamesh,* el rey de Uruk y su amigo Enkidu emprenden una primera aventura desde la capital sumeria hacia el lejano y peligroso bosque de los cedros, en las montañas del Líbano, en busca de su valiosa madera. Pero el gran dios Enlil había colocado en el interior del bosque a un terrible monstruo, llamado Humbaba, que protegía los preciados cedros de aquellos que los quisieran robar. La epopeya nos describe su espantoso aspecto: «su grito es el Diluvio, su boca es el Fuego, su aliento es la misma Muerte y oye en seiscientos kilómetros a la redonda todos los sonidos de su bosque»; también en la gran cantidad de placas de arcilla halladas a lo largo de la historia aparece con un aspecto grotesco y temible.

libanesas. El procedimiento consistía en fundir a elevada temperatura los silicatos de calcio hasta que se obtenía una pasta incolora; a continuación, esta masa era tintada y decorada con pigmentos minerales que la hacían sumamente vistosa, atractiva y valiosa, y que se utilizaba para pequeños ungüentarios, amuletos u objetos de tocador de pequeñas dimensiones. Su fácil obtención y transporte fueron clave en la gran

Pero aun así, y advertidos por todo el mundo de lo peligroso de la empresa, Gilgamesh y Enkidu deciden ir a buscar los cedros. Durante el camino ambos exponen sus temores, pero logran sobreponerse y llegar al bosque. Una vez allí se enfrentan con Humbaba y lo logran vencer. A continuación cortan unos cuantos cedros y deciden hacer con el más alto una gran puerta para el templo de Enlil, para así asegurarse el favor del dios.

Pero más allá de la aventura, aquello que podemos deducir de esta narración es que seguramente se trata de una exposición novelada, que explica el dominio que ejerció Biblos sobre los recursos arbóreos de las montañas del Líbano. De este modo, para hacerse con las preciadas maderas del bosque de los cedros, al resto de imperios no les quedaba más remedio que pagar (Egipto) o luchar (quizá en alguna ocasión desde las ciudades sumerias). Ø

difusión que llegó a tener por todo el Mediterráneo. Finalmente, a pesar de no tratarse de un producto material, la gran calidad de la mano de obra dedicada tanto a la talla en piedra y a la arquitectura como a la artesanía más refinada también fue explotada como elemento de intercambio.

Con todas estas industrias de producción propia pudieron entrar en el juego del comercio, intercambiándolas por materias primas de la misma calidad, como metales (oro, plata, bronce), piedras preciosas (lapislázuli, turquesa, cornalina) u objetos exóticos (marfil, animales, huevos de avestruz). La localización de todos estos productos era muy dispar y la casuística de su obtención también presentaba múltiples posibilidades en función de la facilidad o no de su obtención, transporte, peligrosidad o dificultad de trabajo posterior. Todo ello era lo que determinaba su valor final. Así, por ejemplo, la madera de sándalo, determinadas piedras preciosas, marfil, monos, pavos reales, oro y plata, procedían del país de Ofir; el cobre, de Chipre, el Sinaí y Anatolia; el cobre, el estaño, la plata, el plomo y el hierro, de Anatolia; el lino, de Egipto; y la plata, el oro y el estaño, de Tartesos. Todos estos productos llegaban a las ciudades fenicias en bruto. Una vez allí, los mejores carpinteros, metalúrgicos, orfebres, talladores y pintores realizaban las más bellas muestras de cada una de sus artes hasta convertirlos en objetos de lujo, solo al alcance de una reducida élite. Estas obras de artesanía actuaban como elementos de prestigio y diplomacia entre todas las cortes orientales y servían para mantener este sistema redistributivo constantemente activo como base de la economía comercial, no solo fenicia, sino de todos los estados orientales.

Mientras que durante la Edad del Bronce fue Biblos la ciudad que lideró en todo lo tocante al comercio y a la industria artesanal, durante la Edad del Hierro fueron Tiro, primero, y Sidón, después, las que se convirtieron en las principales proveedoras de estos productos de lujo por todo Oriente, desde Mesopotamia hasta Anatolia y desde el Egeo hasta Egipto.

Barcos, navegación y principales rutas comerciales

A lo largo de la historia de Canaán, el comercio fue la base de su economía y de su prosperidad. Para su actividad comercial utilizaron todo tipo de transporte, en función de las distintas ubicaciones de los centros clientes, pero, sin duda, su principal medio de transporte fue el marítimo. Esto obedecía de nuevo a su marcado determinismo geográfico, que convirtió a los habitantes de Canaán en los más grandes expertos en la navegación, capaces de realizar gestas como nunca antes se habían visto. Para ello requirieron de resistentes embarcaciones, un buen sistema de navegación y un gran conocimiento tanto del medio marítimo y de su orografía, como de las corrientes marinas y de los vientos, que les permitirían ganar tiempo en sus desplazamientos.

Mapa de las principales rutas comerciales empleadas por los fenicios.

En lo que se refiere a las embarcaciones, para la Edad del Bronce disponemos de información tanto documental como gráfica. La primera mención de la que tenemos noticia son las «naves de Biblos», utilizadas para el comercio de maderas entre Biblos y Egipto bajo el reinado de Esnefru (r. 2543-2510 a. C.). Aunque los textos no nos dan información alguna acerca de esas naves, podemos suponer que se trataba de grandes navíos mercantes capaces de transportar los enormes cedros, de hasta 40 metros de longitud y varios cientos de kilos de peso, por mar abierto. Más adelante, durante la XVIII Dinastía y bajo el reinado de Hatshepsut (r. 1490-1468 a. C.), nos encontramos con los llamados «barcos de Punt», representados en los relieves del templo de Deir el-Bahari. Se trataba de barcos con sistema de navegación a vela, pero también con remos (utilizados sobre todo en las maniobras) y con una bodega de gran capacidad que los convertía en grandes mercantes, capaces de transportar mucha mercancía, pero a muy poca velocidad. Este fue el modelo de barco en el que se inspiraron los cananeos y luego los fenicios para sus empresas comerciales de larga distancia. La única modificación que hicieron fue cambiar sus proporciones: mientras que los barcos egipcios eran más alargados, los cananeos y fenicios pasarían a tener una forma más redondeada debido a que su anchura acostumbraba a ser la cuarta parte de su longitud. El resultado fueron unas dimensiones que oscilarían entre los 20-30 metros de eslora por unos 6-7 metros de manga, con un calado de un entre 3-4 metros. De ahí que en las fuentes clásicas a estas naves se las conozca con el nombre de *gauloi*, 'bañera'. Esta forma les permitía almacenar una gran cantidad de mercancías, que en algunos casos se ha estimado en hasta 450 toneladas. Teniendo en cuenta algunos textos (como el relato de Unamón, en el que se deja constancia de la presencia de flotas con hasta cincuenta naves de este tipo), se puede calcular rápidamente la ingente cantidad de mercancías transportadas por estas flotas. La proa y la popa se elevaban bastante sobre la cubierta, y

La tala y el transporte de los cedros

Los cedros y demás coníferas de los bosques del Líbano (como abetos y pinos) constituían una de las principales fuentes de exportación del mundo cananeo y fenicio. Pero estos árboles se hallaban a entre 1500 y 2000 metros de altitud, lo que junto con su formidable robustez (podían llegar a medir hasta 50 metros de alto y 15 metros de diámetro) hacía que las expediciones para ir a talarlos y transportarlos hasta las barcazas de la costa fueran realmente difíciles y costosas.

Algunos relieves asirios del siglo IX a. C. muestran las herramientas utilizadas en la tala: sierras y serruchos dobles de bronce y hierro, cuerdas, tacos y rodillos de madera, entre otros. Una vez cortados, los troncos eran transportados hasta las playas

contaban con altas barandas y un único mástil colocado en el centro de la embarcación, que soportaba una gran vela cuadrada de lino o lana. El rumbo lo garantizaban dos timones situados en la popa, a ambos lados del casco. Al igual que las naves del Punt, si bien la vela fue el principal sistema de propulsión, estos barcos también contaban con remos, que solo se utilizaban en las maniobras o en caso de necesidad; el resto del tiempo se guardaban para poder aprovechar aprovechando los cauces de los *wadis* o de algún río, siempre a la espera de que la temporada de lluvias los llenara para poderlos conducir hasta su desembocadura. Solo a partir del I milenio a. C. hay constancia de la preparación de pistas y caminos en la montaña para poderlos arrastrar hasta la costa.

Una vez alcanzada la playa, estaban listos para ser embarcados en unas grandes barcazas que almacenaban las maderas de diferentes maneras, en función de la medida de los troncos: si eran de pequeñas dimensiones se cargaban en las bodegas y se amarraban bien para evitar que se movieran durante la travesía; pero si eran muy grandes, entonces los ataban a la popa del navío bien sujetos con unas cuerdas, tal y como se aprecia en los relieves asirios del palacio de Senaquerib de Nínive, hoy en el Museo del Louvre. Ø

el espacio para la carga de mercancías. La tripulación necesaria para la navegación de un *gauloi* se estima entre unas quince-veinte personas y su velocidad alcanzaba los 5 nudos por hora, de manera que una distancia de 400 millas se podría cubrir en cuatro días. Otra denominación para los barcos fenicios es la de las «naves de Tarshish», que en este caso aparece en la Biblia. Es muy probable que se trate del mismo tipo de embarcación del que venimos hablando, y que el nombre haga solo referencia al lugar de destino o a la mercancía transportada, como en el caso de las «naves de Biblos» cananeas.

Todas estas embarcaciones fueron utilizadas para las grandes travesías en mar abierto y en trayectos largos. Pero para la navegación local, la constante presencia de obstáculos hacía necesario otro tipo de barcos más pequeños y también más maniobrables, lo que implicaba un mayor uso de los remos que en los grandes navíos mercantes. En este caso, hablamos de barcos de entre 8-12 metros de eslora y 1,5 metros de calado, menor capacidad de carga (sin bodega cerrada) y más veloces; a su vez estaban dotados de la misma vela central, de remos y de un solo timón, y tenían una proa curvilínea rematada por un motivo zoomorfo, que representaba la cabeza de un caballo (de ahí que estas naves fueran conocidas en los textos griegos como *hippoi*, 'caballo'). Las representaciones más antiguas de estas naves son las que proceden de los relieves asirios de Salmanasar III (r. 859-824 a. C.) en Balawat y de Sargón II (r. 722-705 a. C.) en Khorsabad.

Los barcos de guerra son una categoría aparte de navíos, pero también estuvo muy vinculada al comercio, ya que, de no ser por ellos, los fenicios no hubieran conseguido imponer su talasocracia por el Mediterráneo durante tanto tiempo. Los barcos de guerra más antiguos se documentan a inicios del primer milenio a. C. y tenían una forma alargada, con una anchura que corresponbdía a la séptima parte de su longitud. Así, la pentecóntera medía 30 × 4 m, la trirreme, 35 × 5 m y la tétrera y la péntera, 40 × 6 m, todas con un calado muy poco profundo. Todo ello, junto con el número de remeros, les otorgaba una gran velocidad y maniobrabilidad, elementos imprescindibles en combate. En un principio estaban equipados con un solo orden de remeros, pero más adelante aumentó a dos e incluso a tres filas (los cartagineses llegaron a tener hasta cinco), lo que les otorgó mucha más velocidad debido a la gran cantidad de hombres que había en cada nave: cincuenta para la pentecóntera, ciento cincuenta-doscientos para las trirremes, doscientos cuarenta para la cuadrirreme y casi trescientos para la quinquerreme. A pesar de esta gran cantidad de remeros, los barcos no solo eran impulsados por los remos, sino que también disponían de dos velas: una en la proa, más pequeña, y una en el centro, más grande. Ambos sistemas de propulsión eran usados de forma alternativa: las velas, para la navegación normal y para acercarse al campo de batalla, y durante el conflicto se guardaban y se usaban solo los remos. La armada fenicia disponía de flotas de hasta cincuenta barcos, si bien durante las Guerras Púnicas los cartagineses dispusieron de flotas de hasta doscientas embarcaciones; la mayoría, quinquerremes.

Una vez descritos los diferentes tipos de naves, es preciso conocer los dos sistemas de navegación que fueron utilizados por los navegantes: la de cabotaje y la de larga distancia. En el primer caso, se trata de una navegación diurna, separada de la costa pero sin perderla de vista, a un máximo de 25-30 millas náuticas de distancia y entre centros urbanos conocidos, y que cubría unas distancias de entre 30-40 km diarios. Se trataba de un sistema lento y también peligroso por la constante necesidad de acercarse a la costa. Por lo que se refiere a la navegación de larga distancia, esta se llevaba a cabo a mar abierto, durante varios días o semanas de duración, de ahí la necesidad de navegar también de noche. Este tipo de navegación se encuentra documentada desde el siglo VIII a. C., aunque es posible que se remonte más atrás en el tiempo. Para ello, era imprescindible el uso de sistemas de orientación basados en un gran conocimiento de las estrellas. Los fenicios aprendieron de los babilonios todo lo referente a la astronomía y utilizaron la estrella polar (y la constelación de la Osa Menor de la que forma parte, conocida como «La Fenicia») como principal guía de la noche. Aun siendo una navegación a mar abierto, los barcos intentaban no perder de vista la costa y eso, en el Mediterráneo y con unas condiciones climatológicas normales, es posible prácticamente en todas partes (teniendo en cuenta que un accidente geográfico costero de 9 m de altura es visible desde 8 millas de distancia, y si se tratara de una montaña de 2500 m, lo sería desde 125 millas). Solo en algunos pocos tramos se pierde la visibilidad de la costa: desde las costas africanas a las de la isla Cerdeña, desde las costas africanas a las Islas Baleares o desde estas a las costas occidentales de Córcega y Cerdeña.

Es importante tener en cuenta que la navegación comercial se efectuaba exclusivamente entre los meses de marzo y octubre, si bien Hesíodo recoge que los únicos meses realmente óptimos son desde finales de junio hasta mediados de septiembre, cuando se daban las mejores condiciones climatológicas. Teniendo esto en cuenta y a partir de las referencias que aparecen en los textos clásicos (según Heródoto la velocidad media para la navegación diurna y nocturna sería de 600-700 estadios, es decir, entre 62-82 millas por día, o lo que es lo mismo, una navegación de 6 millas por hora), se han podido calcular los tiempos invertidos en determinados desplazamientos: así, para cubrir la distancia que separa Tiro de Gadir (2600 millas) se precisaban unos tres meses. Lógicamente, estos tres meses no eran de navegación constante, sino que también se debían hacer escalas y paradas obligatorias (reposición de víveres, reparaciones, escalas comerciales, etcétera); se cree que

Relieve de un barco de guerra fenicio realizado en torno al 700 a. C. Palacio de Senaquerib, Nínive. Museo Británico.

estas paradas podrían llegar a constituir cerca del 40% del tiempo del viaje. Por otro lado, teniendo en cuenta la limitación estacional de la navegación, las naves no podían realizar un viaje de ida y vuelta en la misma temporada. Por tanto, debían permanecer ancladas en el estrecho de Gibraltar bastante tiempo, hasta que volvieran las condiciones óptimas de navegación, con lo que la expedición (entre ida y vuelta) podía durar más de un año.

Pero los fenicios no se contentaron con dominar el Mediterráneo y llevaron su actividad comercial mucho más allá. Fueron los primeros en cruzar las Columnas de Hércules (el estrecho de Gibraltar) y desde allí alcanzaron las costas atlánticas de África y Europa. En el primer caso, Heródoto nos cuenta que el faraón Necao II (r. 610-596 a. C.), de la XXVI Dinastía, quiso unir el mar Rojo con el Mediterráneo a través del Nilo, pero tras fracasar envió a unas naves fenicias a buscar otra posibilidad y eso le llevó a realizar la primera circunnavegación de África. Más adelante, el cartaginés Hanón (siglo v a. C.) salió de Cartago y llegó hasta el golfo de Guinea. Por lo que se refiere a las costas del Atlántico Norte, se atribuye de nuevo a un cartaginés, Himilcón, también en el siglo v a. C., el haber alcanzado Gran Bretaña e Irlanda en busca de estaño. Estas travesías extraordinariamente largas dan una idea de la enorme importancia que tenía para los fenicios la obtención de materias primas, por lo que no escatimaron ni medios ni esfuerzos para conseguirlas, e incluso para ir a buscarlas a los más recónditos y lejanos lugares.

Conclusión

La historia de Canaán no es la historia de un gran imperio, ni siquiera la de un pequeño reino; es la historia de un pueblo que, a pesar de haber estado rodeado a lo largo de su historia por entidades políticas muy superiores (con una capacidad militar mucho mayor y con una rica y milenaria cultura a sus espaldas), y a pesar de haber sido conquistado una y otra vez, jamás perdió su personalidad, su lengua ni su cultura. Es más, llegaron a influir de forma muy trascendente en la historia y la cultura de otros pueblos, a los que legaron un patrimonio cultural del que aún somos herederos: las exploraciones geográficas, las colonias comerciales, el alfabeto y los mitos y relatos religiosos son algunos de los muchos ejemplos de sus logros culturales que, a través de los griegos y de los romanos, han llegado hasta nosotros.

Si Biblos fue el máximo exponente de la cultura cananea durante la Edad del Bronce, Tiro, Sidón y Arwad se convirtieron en las más perfectas representantes de la cultura fenicia durante la Edad del Hierro. Y a pesar de que con la llegada de los romanos se podría pensar que se puso punto y final a la historia de los fenicios, en realidad solo fue un punto y aparte, ya que el relevo de Tiro lo tomó Cartago, que a partir de entonces, desde África y bajo el nombre de Estado púnico, se convirtió en la última representante de un pueblo que bajo distintos nombres (cananeos, fenicios) había hecho del Mediterráneo su hogar, del comercio su modo de vida y de su cultura un gran árbol que aún hoy da frutos.

Apéndices

CANAÁN Y EL PANORAMA INTERNACIONAL DEL PRÓXIMO ORIENTE DURANTE EL BRONCE MEDIO Y FINAL

Extensión del antiguo reino hitita (1680-1430 a. C.)

Extensión del Imperio Nuevo hitita (1370-1250 a. C.)

Extensión del reino de Mitanni (finales s. XVI-1244 a. C.)

Extensión de la dinastía Casita de Babilonia (1595-1155 a. C.)

Imperio Nuevo egipcio y extensión bajo Tutmosis III (1ª mitad del s. XIV a. C.)

Zona disputada entre hititas y egipcios

Batalla de Qadesh (1274 a. C.)

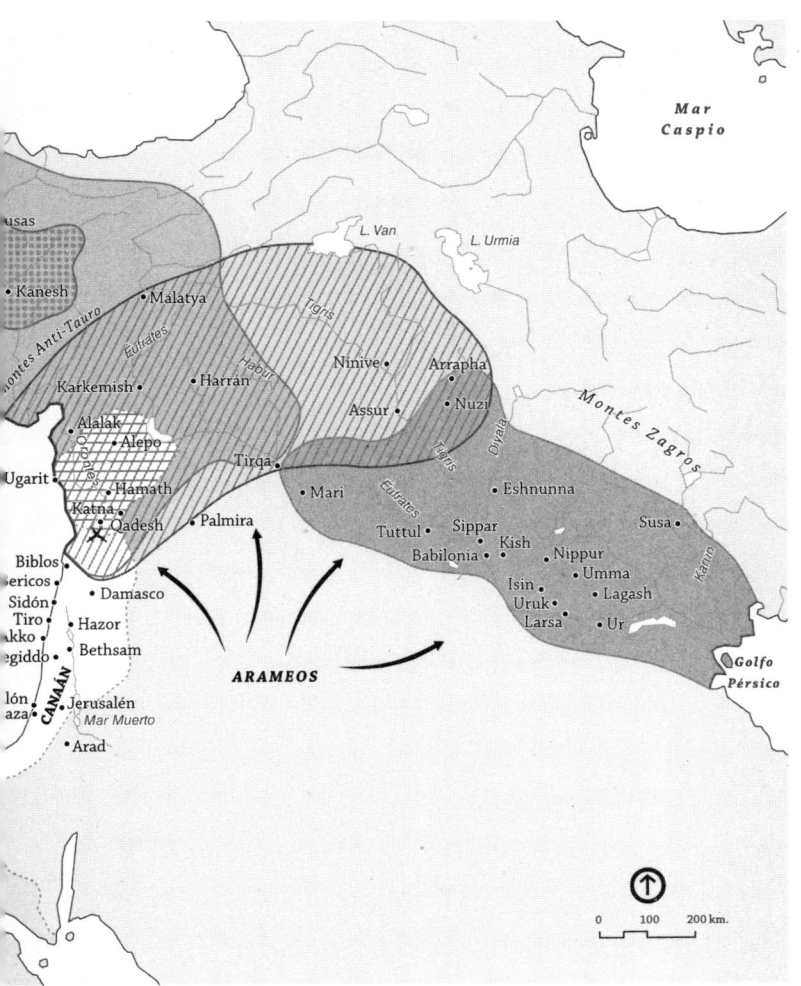

CANAÁN Y EL PANORAMA INTERNACIONAL DEL PRÓXIMO ORIENTE DURANTE LA EDAD DEL HIERRO

Núcleo inicial asirio

Asiria bajo Tukulti-Ninurta I (1244-1208 a. C.)

Asiria bajo Sargón II (721-705 a. C.)

Asiria bajo Asurbanipal (668-627 a. C.)

Imperio neobabilónico (626-539 a. C.)

Imperio persa, máxima extensión
bajo Ciro el Grande (559-530 a. C.)

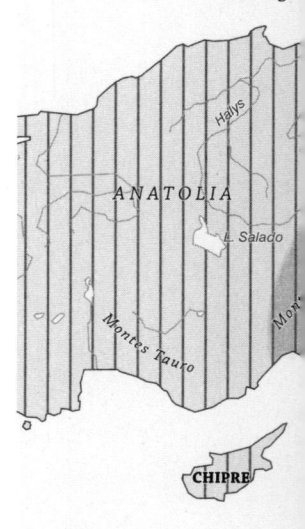

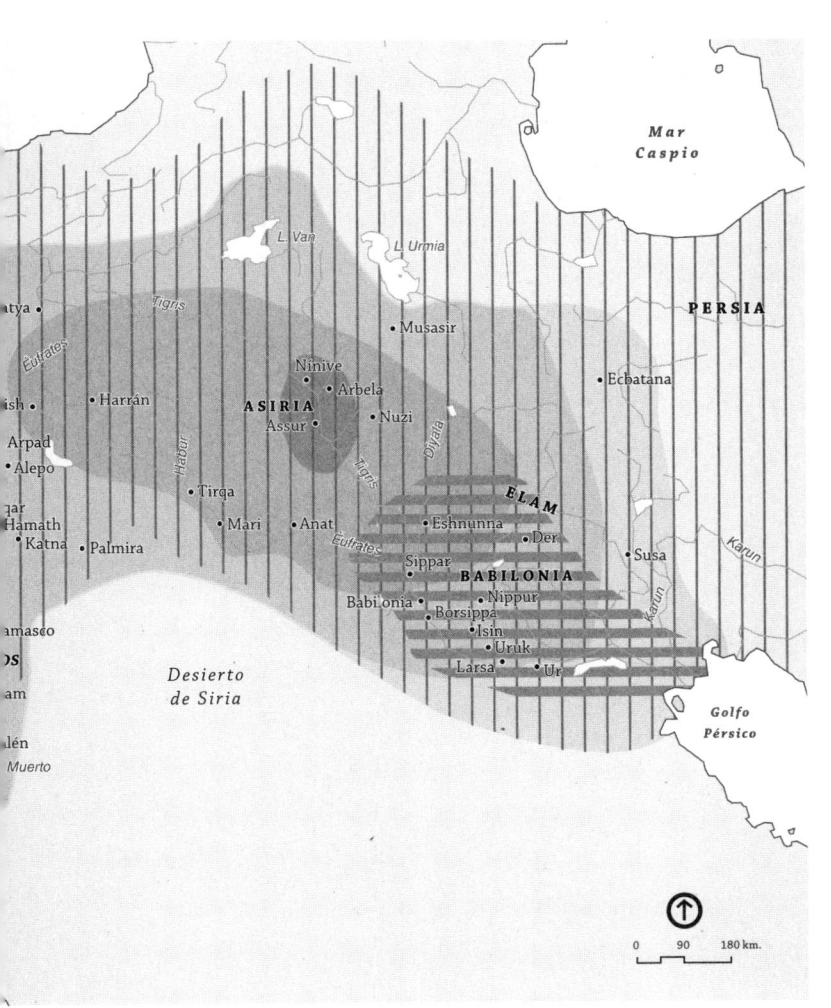

CONCEPTOS CLAVE

🏴 Amorreos (amorritas)

Conocidos como MAR.TU en sumerio y amurru en acadio, fueron unas tribus semitas que, aprovechando la caída del imperio neo-sumerio (2000 a. C.) se asentaron en Mesopotamia, Siria y Canaán, dando lugar a nuevas dinastías de las que surgieron los imperios paleoasirio, paleobabilónico, así como nuevas dinastías en los reinos sirios de Ebla y Mari, entre otros.

🏴 *Asherás, massebots y bétilos*

En la religión cananea el objeto de culto podía ser una imagen de la divinidad o su representación a través de bosques, árboles o maderas (*asherás*) y piedras erguidas (*massebots* o *bétilos*).

⚔ Bar Khoba

Revuelta judía liderada por Simón Bar Kosiba, mejor conocido como Simón Bar Kokhba. Fue una rebelión en protesta por las medidas tomadas por el emperador Adriano en contra de los derechos y las costumbres judías y con el deseo de imponer la cultura helenístico-romana sobre la judía. Así, prohibió la circuncisión (con la importancia que tenía para la religión judía), ordenó la construcción de una colonia romana en Jerusalén (Aelia Capitolina) y mandó construir un templo dedicado a Júpiter sobre las ruinas del Templo de Jerusalén.

✂ Batallas de Megiddo

Muchas fueron las batallas que se dieron lugar en este estratégico yacimiento, pero merecen especial interés las de Tutmosis III contra una coalición de reyes cananeos (1457 a. C.), que permitió la expansión de Egipto hasta el Éufrates y la del faraón Necao II contra el rey de Israel Josías (609 a. C.) y que acabó con la muerte de este último.

📖 Calcolítico

Período que se extiende entre el 4500-3300 a. C. y durante el cual las comunidades neolíticas crecen en número, se transforman ya en protociudades de dimensiones mayores a las anteriores, se organizan mejor y llevan a cabo innovaciones tecnológicas como la fundición del cobre.

📖 Cartas de Amarna

Conjunto de tablillas escritas en acadio y halladas en Tell el-Amarna (Akhetatón), la capital de Akhenatón. Se trata de cartas de carácter diplomático escritas por los imperios, estados y ciudades del Próximo Oriente y Egipto y que nos permiten conocer la situación internacional de esta zona durante el s. XIV a. C.

◆ Diadocos

Generales griegos que, tras la muerte de Alejandro Magno (323 a. C.), se dividieron su imperio, quedando repartido de la siguiente manera: Casandro en Macedonia y Grecia, Lisímaco en Tracia y parte de Anatolia, Seleuco en Mesopotamia y parte de Anatolia y Ptolomeo en Egipto. Tras unos cuantos años de luchas entre ellos, finalmente quedaron solo dos, Ptolomeo y Seleuco.

◆ Estela de Israel

Fue erigida en tiempos del faraón Merneptah (XIX Dinastía, 1213-1204 a. C.) para conmemorar una campaña contra los libios, algunos Pueblos del Mar y los pueblos de Canaán, entre los que se cita a Israel, la primera aparición de este nombre en un documento histórico.

◆ *Gauloi*

Nombre dado por los griegos a los cargueros fenicios —que significa «bañera»— debido a su forma redondeada, ya que su anchura acostumbraba a ser la cuarta parte de su longitud, resultando así unas dimensiones que oscilarían entre los 20-30 m de eslora por unos 6-7 m de manga, con un calado de entre 3-4 m.

✂ Guerras Médicas

Conflictos entre el Imperio Persa Aqueménida dirigido por Darío I y Jerjes I y las ciudades-Estado griegas que se desarrollaron entre el 492 y el 440 a. C. Entre las batallas más famosas se encuentran las de Maratón, Salamina o las Termópilas.

 *Hippoi*

Nombre griego dado a los barcos fenicios de menor tamaño (8-12 m de eslora y un metro y medio de calado) y menor capacidad de carga y con la proa rematada por un motivo zoomorfo representando la cabeza de un caballo.

Habiru ('*apiru*')

Término semita que ya aparecía en las Cartas de Amarna, en las que se usaba para definir a bandidos, criminales y también gente socialmente inadaptada. Durante muchos años la investigación asoció los *habiru* a los hebreos, pero hoy sabemos que en realidad este término no define a ninguna raza, etnia o pueblo concreto, sino que hace referencia a una condición social determinada, la de los desarraigados.

Hicsos

Término helenizado del original egipcio *heqau hasut*, «príncipes de las tierras extranjeras», con el que las crónicas egipcias se referían a la presencia de un gran número de asiáticos de origen hurrita que entraron en Egipto por la fuerza de las armas y se mantuvieron en el poder, formando la XV Dinastía hasta que fueron expulsados por los faraones tebanos de la XVII Dinastía.

Múrex

Especie de molusco bivalvo utilizado en la preparación de la púrpura.

 PPN

Estas son las siglas para Pre-Pottery Neolithic, una etapa del Neolítico en Palestina caracterizada por tener todas las características de este período excepto por la inexistencia de cerámica. Se subdivide en PPNA (8500-7200 a. C.) y PPNB (4200-6000 a. C.).

Pueblos del Mar

Conjunto de pueblos del Egeo y de las costas anatólicas que, entre el 1200 y el 1150 a. C., llegaron a Canaán y Egipto, donde fueron derrotados, primero por Merneptah y después por Ramsés III. Con sus desplazamientos y las destrucciones provocadas, ayudaron a poner fin al mundo de la Edad del Bronce para entrar en una nueva época, la de Edad del Hierro, en que los potentes imperios fueron sustituidos por un mosaico de pequeños reinos y ciudades-Estado.

Qadesh

Nombre del actual yacimiento de Tell Nebi Yunus (al sur de Damasco) y escenario de una de las batallas más famosas de la Antigüedad, la que se desarrolló entre el Egipto de Ramsés II y el Imperio de Hatti de Muwatalli (1274 a. C.) por el control de Canaán y que acabó con la firma de un tratado por el cual se repartían el territorio cananeo fijando la frontera un poco más al sur de Qadesh.

Sancuniatón

Escritor fenicio residente en Beirut y Tiro a finales del II milenio a. C. Sancuniatón escribió *Historia Fenicia*, una obra de ocho volúmenes la cual tradujo al griego Filón de Biblos durante la segunda mitad del

Véase Qadesh.

s. ı d. C., pero que está conservada solo en algunos fragmentos en la *Preparatio Evangelica* de Eusebio de Cesarea, que resumió y citó las traducciones de Filón.

🔹 Sufetes

Institución impuesta por Nabucodonosor II sobre Tiro en sustitución de la monarquía local en 564-563 como castigo a su segunda sublevación. El rey tirio Balazor II consiguió restablecer la monarquía siete años y tres meses después (556 a. C.).

🔹 *Trilithon*

Conjunto de tres piedras colosales que forman parte del basamento del templo de Júpiter en Baalbek y que son consideradas las piedras más pesadas jamás movidas por el hombre.

 Ugarítico

Lengua hablada en el reino de Ugarit durante el II milenio a. C. y que dio lugar en el siglo XIV a. C. a la primera escritura alfabética (en cuneiforme) totalmente consolidada y con el cuerpo documental de textos históricos, religiosos y míticos más importantes del mundo cananeo.

CRONOLOGÍA

Tierra de Canaán	Mundo
10 000-9000 a. C.: Primer asentamiento permanente en Jericó.	
8500-7200 a. C.: PPNA; poblado permanente de unos 40 000 m² con casas redondas, carentes de urbanismo y con construcciones comunales, como un muro y una torre de piedra.	10 000-3500 a. C.: Proceso de neolitización en la zona del Creciente Fértil que llevará a la aparición de las primeras aldeas y ciudades.
7200-6000 a. C.: PPNB; aparición del ladrillo de adobe que permite la construcción en casas regulares y la aparición del urbanismo.	
4500-3300 a. C.: Calcolítico, aumento del tamaño y del número de asentamientos y primeras muestras del trabajo de fundición del cobre.	3300-3150 a. C.: Aparición de las primeras ciudades y estados en Mesopotamia y Egipto e invención de la escritura.
3300-2000 a. C.: Bronce Antiguo. Primera aparición del modelo urbano en Canaán en forma de ciudades-Estado fortificadas (Biblos, Ugarit, Megiddo, Jericó, Tell Arad, Tell el-Farah…) y con extensas relaciones comerciales con Egipto y Mesopotamia.	2750-2334 a. C.: Cultura sumeria en Mesopotamia y reinos sirios (Ebla).
	2592-2544: Reino Antiguo en Egipto.
	2334-2193 a. C.: Imperio Acadio en Mesopotamia.
	2112-2003 a. C.: Imperio Neosumerio.
	2118-1980 a. C.: Primer Periodo Intermedio en Egipto.

Tierra de Canaán	Mundo
2000 a. C.: Crisis egipcia e invasión amorrita que afecta al comercio cananeo. Retroceso en el modelo urbano en la zona sur de Canaán y crecimiento del nomadismo; en el norte se mantiene la economía comercial con Mesopotamia.	2000 a. C.: Invasión de los amorritas, semitas procedentes del desierto sirio-arábigo y fundación de los imperios paleoasirio y paleobabilónico en Mesopotamia y de Ebla y Mari en Siria.
2000-1550 a. C.: Bronce Medio. Recuperación de las relaciones con Egipto y retorno al modelo comercial y urbano. Época dorada de la cultura cananea; especial importancia de Biblos. Primeros pasos hacia la invención del alfabeto.	1980-1760 a. C.: Reino Medio en Egipto.
	1759-1630 a. C.: Invasión hicsa y Segundo Periodo Intermedio en Egipto.
1550-1150 a. C.: Bronce Final. Canaán bajo el dominio territorial (militar y comercial) de Egipto, Mitanni y Hatti. Ausencia de murallas en las ciudades cananeas y aparición de los habiru.	1570-1155 a. C.: Dinastía Casita de Babilonia, Imperio Mitannio (1600-1350 a. C.) e Imperio Nuevo Hitita en Anatolia (1450-1190 a. C.).
1457 a. C.: Batalla de Megiddo y victoria de Tutmosis III sobre una coalición de reyes sirios y cananeos.	1539-1292 a. C.: Reino Nuevo egipcio. Expansión del imperio egipcio hasta el Éufrates bajo Tutmosis III (1457 a. C.), época de Amarna (1353-1320 a. C.) y batalla de Qadesh entre Egipto y Hatti (1274 a. C.).
s. XIV a. C.: Consolidación del alfabeto en Ugarit y época de las Cartas de Amarna.	
1200-1150 a. C.: Invasión de los Pueblos del Mar en tiempos de Merneptah y Ramsés III.	

Tierra de Canaán	Mundo

1209 a. C.: Campaña de Merneptah contra los libios y algunos Pueblos del Mar. Primera mención de Israel.

1150 a. C.: Reordenación de Canaán: asentamiento de los filisteos en Palestina, de los israelitas en el sur de Canaán, de los arameos en el norte y de los fenicios en la costa sirio-libanesa.

970-936 a. C.: Reinado de Hiram de Tiro y auge de la ciudad.

1076-723 a. C.: Tercer Periodo Intermedio en Egipto.

943 a. C.: Campaña asiática del faraón Sheshonq I.

s. IX-VII a. C: Imperio Neoasirio; Batalla de Qarqar (853 a. C.) entre una coalición de reinos levantinos y Salmanasar III; matrimonio del rey Acab de Israel con la princesa tiria Jezabel, hija de Ittobaal I.

888-856 a. C.: Reinado de Ittobaal I de Tiro y creación del primer pseudo-estado fenicio con Tiro y Sidón.

s. IX a. C.: Primeras fundaciones coloniales fenicias realizadas desde Tiro.

s. IX a. C.: Las ciudades fenicias pagan tributo a Assurnasirpal II y a Salmanasar III.

814 a. C.: Fundación de Cartago por Elisa-Dido, hermana del rey tirio Pigmalión.

701 a. C.: Campaña de Senaquerib que acaba con el estado fenicio de Tiro-Sidón y la huida de su rey Luli.

Tierra de Canaán	Mundo

610-595 a. C.: Conquista del faraón Necao de la zona de Canaán y muerte del rey de Israel Josías en Megiddo.

604 a. C.: Inicio de la conquista del Levante por Nabucodonosor II.

597 a. C.: Primera toma y deportación de Jerusalén en tiempos de Joaquín por Nabucodonosor II.

587 a. C.: Segunda toma y deportación de Jerusalén en tiempos de Sedecías por Nabucodonosor II.

585-573 a. C.: Primer asedio de Tiro en tiempos de Ittobaal III por el rey Nabucodonosor II.

564-563 a. C.: Segundo asedio de Tiro en tiempos de Baal II por Nabucodonosor II, eliminación de la monarquía e institución de los sufetes.

575-525 a. C.: Eshmunazar I inaugura una nueva dinastía en Sidón que se convertirá en la ciudad fenicia más importante.

539 a. C.: Conquista persa y fundación de la provincia de la Transeufratina.

---

612 a. C.: Ataque conjunto de medos y persas contra Asiria y caída de Nínive y fin del Imperio asirio (610 a. C.).

610-595 a. C.: Necao, faraón de Egipto, XX Dinastía (Baja Epoca)

610-539 a. C.: Fundación del Imperio neobabilónico.

604-562 a. C: Reinado de Nabucodonosor II y conversión de Babilonia en la ciudad más importante y famosa del mundo.

556-539 a. C.: Reinado de Nabónido, último rey de Babilonia.

539 a. C.: Conquista de Babilonia por parte de Ciro y fundación del Imperio Persa. Retorno de los judíos deportados a Babilonia por Nabucodonosor I.

525 a. C.: Conquista de Egipto por Cambises II.

Tierra de Canaán	Mundo

492-440 a. C: Participación de las ciudades fenicias en las Guerras Médicas con la aportación de la flota más importante del Mediterráneo.

s. IV a. C.: Fundación de Trípoli por parte de Tiro, Sidón y Biblos.

331 a. C.: Asedio y toma de Tiro por parte de Alejandro Magno.

312 a. C.: Ptolomeo I conquista Siria y Fenicia a Antígono.

301 a. C.: Batalla de Ipso en la que Seleuco I conquista la zona que queda ya en manos de los seléucidas.

167 a. C.: Saqueo y profanación del templo de Jerusalén por Antíoco IV: inicio de la revuelta de los Macabeos (166-100 a. C.).

64-63 a. C.: Llegada de Pompeyo a Jerusalén y conversión del reino en protectorado romano.

40/37-4 a. C.: Reinado de Herodes.

492-440 a. C.: Guerras Médicas entre griegos y persas.

333-331 a. C.: Derrota de Darío III por Alejandro Magno en la batalla de Isos (333 a. C.) y Gaugamela (331 a. C.) y fin del Imperio persa.

323 a. C.: Muerte de Alejandro y división de su imperio entre sus generales, los diádocos: Antígono, Seleuco y Ptolomeo. Inicio del período helenístico.

274-168 a. C.: Guerras sirias entre ptolomeos y seléucidas por el control del territorio de la Celesiria.

66-64 a. C.: Conquistas romanas del Ponto hasta el Mar Caspio durante el Primer Triunvirato Romano (Craso, César y Pompeyo).

53 a. C.: Batalla de Carras en la que los romanos derrotan a los partos.

44 a. C.: Asesinato de Julio César.

31 a. C.: Derrota de Marco Antonio en Actium.

Tierra de Canaán	Mundo
	27 a. C.: Proclamación de Augusto como emperador.
	20 a. C.: Firma de la paz entre Roma y Partia.
40-66 d. C.: Profanación del templo de Jerusalén por Calígula y constantes abusos de los procuradores romanos.	
66-73: Rebelión judía que acaba con la conquista de Jerusalén, destrucción de la ciudad e incendio del Templo por Tito (70) y toma de Masada (73).	
	106: Anexión del reino nabateo por Trajano y traslado de las rutas comerciales de Petra a Palmira. Creación de la provincia de Arabia Petrea.
	117-138: Roma bajo el mando del emperador Adriano.
132-136: Rebelión judía de Bar Kokhba en tiempos de Adriano. Supresión del nombre de la provincia de Judea y sustitución por el de provincia de Siria-Palestina.	

Bibliografía

ARTZY, M. (2007), *Los nómadas del mar*, Bellaterra, Barcelona.

AUBET, Mª E. (1994), *Tiro y las colonias fenicias de Occidente*, Editorial Crítica, Barcelona.

BLAS de ROBLÈS, J.-M., PIERI, D., YON, J.-B. (2004), *Vestiges archéologiques du Liban*, Édisud, Aix-en-Provence.

BOSWORTH, A. B. (1996), *Alejandro Magno*, Cambridge University Press, Cambridge.

CLINE, E. H. (2016), *1177 a. C. El año en que la civilización se derrumbó*, Editorial Crítica, Barcelona.

DOAK, B. R. y LÓPEZ-RUIZ, C. (eds., 2019), *The Oxford Handbook of the Phoenician and Punic Mediterranean*, Oxford University Press, Oxford.

DOTHAN, T., DOTHAN, M. (2002), *Los Pueblos del Mar. Tras las huellas de los filisteos,* Bellaterra, Barcelona.

ELAYI, J. (2013), *Histoire de la Phénicie*, Editorial Perrin, Paris.

FINKELSTEIN, I., y SILBERMAN, N. A. (2007), *David y Salomón*, Editorial Siglo XXI, Madrid.

LARA PEINADO, F. (2011), *Textos para la historia del Próximo Oriente Antiguo*, Cátedra, Madrid.

–(1991), *El Egipto faraónico*, Editorial Istmo, Madrid.

LOPEZ RUIZ, C. (2021), *Phoenicians and the Making of the Mediterranean*, Harvard University Press, Cambridge, Massachusetts.

LIVERANI, M. (2003), *Relaciones internacionales en el Próximo Oriente antiguo*, Bellaterra, Barcelona.

–(1995), *El Antiguo Oriente. Historia, sociedad y economía*, Editorial Crítica, Barcelona.

Ministry of Culture/Directorate General of Antiquities (2001), *The short guide of the National Museum of Beirut*, Lebanon.

MOSCATI, S. (ed., 1998), *Los fenicios*, Ediciones Folio, Barcelona.

OLIVA, J. (ed., 2008), *Textos para una historia política de Siria-Palestina (I). El Bronce Antiguo y Medio*, Akal, Madrid.

PRADOS MARTÍNEZ, F. (2007), *Los fenicios. Del monte Líbano a las Columnas de Hércules*, Marcial Pons, Madrid.

QUINN, J. (2018), *In search of the Phoenicians*, Princeton University Press, Nueva Jersey.

SANDARS, N. K. (2005), *Los Pueblos del Mar. Invasores del Mediterráneo*, Oberon editorial, Madrid.

SERRANO DELGADO, J. M. (1993), *Textos para la historia antigua de Egipto*, Cátedra, Madrid.

TUBB, J. T. (1998), *Canaanites. People of the Past* (vol. 2), University of Oklahoma Press, Oklahoma.

YASUR-LANDAU, Y. (2012), *Los filisteos. La migración egea a finales de la Edad del Bronce*, Bellaterra, Barcelona.